鑑真大和上

高僧傳

天平之甍

編撰——釋照量

【編撰者簡介】

釋照量

高雄醫學院護理學系、華梵大學東方人文思想研究所碩士、中央大學哲學研究所博士。主要研究領域為佛教哲學、生命倫理學、臨終關懷。

就讀高雄醫學院護理學系期間，參加慧燈佛學社，皈依懺雲法師。二〇〇七年於慈航紀念堂性旻和尚尼座下出家，次年於新營妙法禪寺受三壇大戒。

曾任臺大醫院護理師、嘉義市東區衛生所護士長、臺北市政府衛生局醫護管理處醫政股長、玄奘大學通識生命教育兼任助理教授。現任安寧病房臨床宗教師。

【「高僧傳」系列編輯序】

令眾生生歡喜者，則令一切如來歡喜

「為佛教，為眾生」六個字，乃是印順法師於臺北市龍江街慧日講堂（後因大門遷移，地址遷至朱崙街）為證嚴法師授予三皈依、並賜法名時的殷殷叮囑：「既然出家了，你要時時刻刻為佛教、為眾生。」

依證嚴法師解釋：「為佛教」是內修清淨行，「為眾生」則要挑起如來家業，走入人群救度眾生。因此法師稟承師訓，一心一志「為佛教還原教義，為眾生點亮心燈」，而開展慈濟眾生的志業。

歷代高僧之「為佛教、為眾生」

證嚴法師開創「靜思法脈，慈濟宗門」，並將其與「為佛教，為眾生」合釋：「靜思法脈」乃「為佛教」，是智慧；「慈濟宗門」即「為眾生」，是大愛。

進而言之，「靜思法脈，慈濟宗門」即菩薩道所強調的「悲智雙運」：「靜思法脈」是「智」，「慈濟宗門」是「悲」；傳承法脈、弘揚宗門就要「悲智雙運」，積極在人間發揮慈、悲、喜、捨四無量心。此亦即慈濟人開展四大志業、八大法印時的根本心要。

由其強調「悲智雙運」可知，「靜思法脈，慈濟宗門」並非標新立異，而是傳承佛陀教法以及漢傳佛教歷代高僧的教誨——包括身教與言教，並要求身心皆徹底踐履。為了讓世人明瞭慈濟宗門之初心與悲願，也讓這些歷代高僧的事蹟與精神更廣為人知，大愛電視臺秉持證嚴法師的信念，於二〇〇三年起陸續製作《鑑真大和尚》與《印順導師傳》動畫電影，將佛教史上高僧大德的動人故事，經由動畫電影的形式，傳遞到全世界。

因為電影的成功，大愛電視臺進一步籌畫更詳盡的電視版〈高僧傳〉——採取臺灣民眾雅俗共賞的歌仔戲形式。〈高僧傳〉的每一部劇本都是經過數個月的資料研讀與整理，縝密思考後才下筆，句句考證、字字斟酌。製作團隊感受到每一位大師皆以身作則、行菩薩道的特質，希望將每位高僧的大願與大行傳遍世界。

然而，不論是動畫或戲劇，恐難完整呈現《高僧傳》中所載之生命歷程，以及諸位高僧與祖師之思想以及對後世之貢獻。因此，慈濟人文志業中心便就〈高僧傳〉歌仔戲所演繹過的高僧，以《高僧傳》及《續高僧傳》之原著為基礎，含括了日、韓等國之佛教史上的知名高僧，編撰「高僧傳」系列叢書。我們不採取坊間已有之小說體形式，而是嚴謹地參照人物評傳的現代寫法，參酌相關之史著及評論，對其事蹟有所探討與省思，並將其社會背景、思想及影響皆納入，雜揉編撰，內容包括高僧的生平、傳承及主要思想或重要經典簡介。從中，我們不僅可以讀到歷代高僧的智慧與悲心，亦可一覽相關的佛教史地、典籍與思想。

在編輯過程中，我們可以看到歷代高僧之「為佛教，為眾生」：鳩摩羅什飽受戰亂、顛沛流離，仍戮力譯經，得令後人傳誦不絕，乃是為利益眾生；玄奘歷萬里之險取得梵本佛經、致力翻譯，其苦心孤詣，是為利益眾生；鑑真六次渡海欲至東瀛傳戒，眼盲亦不悔，是為利益眾生；六祖惠能隱居十五載以避害身之禍，只為弘揚如來心法，並言「佛法在世間，不離世間覺；離世求菩提，猶如覓兔角」，亦是為利益眾生……

這些高僧祖師大可獨善其身、如法修行以得解脫，為何要為法忘身、受諸逆境而不退？究其根本，他們不只是為了參究佛法，而是深知弘揚大乘佛法的目的乃在於大慈大悲地度化眾生、讓眾生能得安樂；若不能讓眾生同霑法益，求法何用？如《大智度論．卷二七》所云：

一切諸佛法中，慈悲為大；若無大慈大悲，便早入涅槃。

由此可知，就大乘精神而言，「為佛教」即應「為眾生」，實為一體之兩面。

「大悲」為「諸佛之祖母」

除了歷代高僧之示現，「為眾生」之菩薩道的實踐，於經教中更是多不勝數、歷歷可證。例如，《無量義經・德行品第一》便說明了菩薩作為眾生之大導師、大船師、大醫王之無量大悲：

無量大悲救苦眾生，是諸眾生真善知識，是諸眾生大良福田，是諸眾生不請之師，是諸眾生安隱樂處、救處、護處、大依止處。處處為眾作大導師，能為生盲而作眼目，聾劓啞者作耳鼻舌；諸根毀缺能令具足，顛狂荒亂作大正念。船師、大船師運載群生渡生死河，置涅槃岸；醫王、大醫王，分別病相曉了藥性，隨病授藥令眾樂服；調御、大調御，無諸放逸行，猶如象馬師，能調無不調；師子勇猛，威伏眾獸，難可沮壞。

如來於《法華經・觀世音菩薩普門品》中宣說，觀世音菩薩更以三十三種應化身度化眾生：

佛告無盡意菩薩：善男子，若有國土眾生，應以佛身得度者，觀世音菩薩即現佛身而為說法；應以辟支佛身得度者，即現辟支佛身而為說法；應以聲聞身得度者，即現聲聞身而為說法；應以梵王身得度者，即現梵王身而為說法；應以帝釋身得度者，即現帝釋身而為說法……應以天龍、夜叉、乾闥婆、阿修羅、迦樓羅、緊那羅、摩侯羅伽、人非人等身得度者，即皆現之而為說法；應以執金剛神得度者，即現執金剛神而為說法。無盡意，是觀世音菩薩成就如是功德，以種種形遊諸國土，度脫眾生，是故汝等應當一心供養觀世音菩薩。是觀世音菩薩摩訶薩，於怖畏急難之中能施無畏，是故此娑婆世界皆號之為施無畏者。

為何觀世音菩薩要聞聲救苦？因為菩薩總是「人傷我痛、人苦我悲」，恆以「利他」為念。如《大丈夫論》所云：

菩薩見他苦時，即是菩薩極苦；見他樂時，即是菩薩大樂。以是故，菩薩恆為利他。

正是因為這般順隨眾生、「以種種形」而令其無畏的無量悲心，讓觀世音菩薩受到漢傳佛教乃至於華人民間信仰的共同崇敬。慈濟人之所以超越貧富、超越國界、超越宗教地去關懷與膚慰需要幫助的生命，便是效法觀世音菩薩無量悲心、無量應化的精神。

在《法華經．普賢菩薩勸發品》中發願、將於佛滅後守護及教導受持《法華經》之眾生的普賢菩薩，於《華嚴經．普賢行願品》中則教導善財童子如何供養諸佛，亦揭示了如來、菩薩、眾生的關係：

於諸病苦，為作良醫；於失道者，示其正路；於闇夜中，為作光明；於貧窮者，令得伏藏。菩薩如是平等饒益一切眾生。何以故？菩薩若能隨順眾生，則為隨順供養諸佛；若於眾生，尊重承事，則為尊重承事如來；若令眾生生歡喜者，則令一切如來歡喜。何以故？諸佛如來，以大悲心而為體故。因於眾生，而起大悲；因於大悲，生菩提心；因菩提心，成等正覺。……若諸菩薩，以大悲水饒益眾生，則能成就阿耨多羅三藐三菩提故。是故菩提，屬於眾生；若無眾生，一切菩薩終不能成無上正覺。善男子，汝於此義，應如是解。以於眾生心平等故，則能成就圓滿大悲；以大悲心隨眾生故，則能成就供養如來。

《大智度論．卷二〇》亦云，佛陀強調，大悲心乃是諸佛菩薩之根本，具

大悲心方能得般若智慧，亦方能成佛：

大悲，是一切諸佛、菩薩功德之根本，是般若波羅蜜之母，諸佛之祖母。菩薩以大悲心，故得般若波羅蜜；得般若波羅蜜，故得作佛。

「菩薩若能隨順眾生，則為隨順供養諸佛；若於眾生，尊重承事，則為尊重承事如來；若令眾生生歡喜者，則令一切如來歡喜。」閱及此段，不禁令人深深體會證嚴法師之智慧與悲心：慈濟宗門四大、八印之聞聲救苦、無量應化地「為眾生」，也是同時「為佛教」地供養諸佛、令一切如來歡喜啊！

歷代高僧雖未如慈濟宗門般推動慈善、醫療、乃至於環保、國際賑災等志業，乃因其時空因素，欲度化眾生先以弘揚大乘經教與法義為重；現今經教已

備，所須的乃是效法菩薩道之力行實踐！慈濟宗門便是上承歷代高僧與經論之教法，推動四大、八印，行菩薩道饒益眾生，以此供養如來。

換言之，歷代高僧之風範、智慧及悲願，為佛教，也為眾生，此即諸佛菩薩之本懷，亦為慈濟宗門之本懷！這便是《高僧傳》系列叢書所欲彰顯者。

遙企歷代高僧儼然身影，我們可以肯定：為眾生，便是為佛教；為佛教，一定要為眾生！

【推薦序】

瞻仰鑑真大和上之風範

——李瑞全（中央大學退休（兼任）教授、東方人文學術研究基金會中國哲學研究中心主任）

佛教是一修行的宗教，而修行自有見道、踐道、證道與成佛的歷程。在佛教來說，見道是有感於人間之無明苦楚而有所悲憫，因而立志成佛，以解眾生之苦。依儒家之義理，見道乃仁心之感發，良知之呈現，因而立志成聖，以解生民之倒懸。

由立志而有修道的實踐行動。踐道是修行的開始，修行有成而見於自己的生命是為證道之體驗。由證道不斷擴充以至其極，此在中國三教中分別是佛教之成佛、道家之成真人、儒學之成聖人。人人固有可以成佛、成真人、成聖人之根據，但欲成佛、真人、聖人，則必需由實踐修行而至，此必有工夫和工夫所至的不同境界。

佛教有聲聞、緣覺、菩薩與佛四聖之主要階段，而菩薩歷五十二位才至佛位，此可謂修行歷千萬劫方可成就的最高境界。不同位階即有不同境界，境界非主觀虛設，實所見世界不同，不是過來人不可輕議。實踐修行始於於道有見而嚮往之，此見在中國文化的傳統乃表現為立志，立志方是修行之始。

在中國傳統文化中，小孩入學必拜先師，是祈求學子立志為聖人；釋家進門，也是立志成佛。以人的生命最高理想的實現為人生之嚮往，並非妄自尊大，乃生命之不容已。於儒者而言，有一行而不由仁義，自是生命有虧；於佛教而言，有一無明不盡，即不足以入涅槃。立志而無相應之修行，此立志只成話頭，亦必終身而無成。修行不是冥行，乃有所自覺；自覺而有所取，必有所遵從之規範與方向，此佛家之戒律存焉。

戒律發源於佛祖之囑咐，有云：戒律無疑佛之在世，亦唯依戒律修行而有所得，方得以進於菩薩之位，以至佛位。戒律本是所有佛弟子共修之學，無分宗派。東傳至中國，在中國之發揚而有以戒律立宗，其著者為南山宗；唐代的鑑真大師，即為南山戒律之傳揚者。

而鑑真大師之傳揚戒律，不止在中華大地，更遠傳至日本。日本佛教初創之時，缺乏律師，龍蛇混雜，良莠不齊；政府對佛教之尊崇優惠，反使佛門成為逃役求財之地，陡增民怨，日本王朝乃思加以約束。然法律之阻勸難以為功，有思以佛教本門之戒律，以建立佛教之教行。佛教戒律正是僧眾所賴以自律的規範，依佛教教義，未曾受戒尚未算真正的皈依。因而，日本佛教初創時常派遣使節團到中國學法、求法，亦延聘高德大師到日本傳教。

鑑真大師聞南岳慧思禪師托生日本為王子以弘法，而日本國長屋王亦誠心禮佛，有惠贈中國千領袈裟之善施，且上綉「山川異域，風月同天；寄語佛子，共結來緣」一偈，一體慈悲，語意深長。鑑真大師極為感動，乃願遠渡瀛海，宣揚佛家之戒律，以助他鄉佛子。

然而，鑑真大師五次赴日都受人禍或狂風暴雨所阻，十多年都不能成行。第五次挫折尤大，不但受暴雨巨浪之襲擊，竟被狂風遠送至千里外的海南島，方得上岸，歷時三年才得回揚州。其間歷程之艱苦，實非常人可忍。而同行日僧一在途中往生，一人以無望而離隊，一直追隨之弟子因病圓寂，而鑑真更患眼疾而盲。且年歲已長，健康亦大不如前，再度赴日之舉實極難成。但鑑真宣揚聖法之志不減，最後仍以六十七歲之高齡，第六次隨日本訪唐使大船回國；雖亦備受海上缺糧缺水之苦，終於踏上日本土地。其為天皇皇室貴族授戒，更廣為民眾大弘戒律，佛法一時大興；經傳法十年而圓寂，被尊為日本戒律始祖。

鑑真大師同時帶入之盛唐文化，諸如建築、佛像雕刻、書法，以至社會體制等，對日本影響深遠，至今猶傳。日本人尊稱為「大和上」，為日本文化的「天平之甍」，代表了日本「天平時代」文化的最高成就。是以，此書不但使我們得以瞻仰鑑真大和上的風範行誼，更由此可見日本佛教之發展繁衍，與日本如何吸收、消化唐朝文化之精華，創造出自己的文化風格。凡此，均可以啟發我們領悟文化交流之成功與重要意義。

照量法師慈悲濟世，大學畢業於護理學院，曾任職衛生署從事護理工作。後立志出家修行，好學不倦；不但修讀碩士，更進而從余於國立中央大學哲學研究所進行博士研習，發展佛學於生命倫理之中，實開創了佛家之生命倫理學的學理研究，而更用於實踐上為病人服務。照量法師畢業後迄今，一直在各大醫院為臨終病人之宗教導師，引領病人最終得脫苦海，同歸極樂，善莫大焉。

照量法師此書以唐代律宗之鑑真大師的一生行誼為傳，故事感人，由此使讀者得以一窺戒律於修行與發展佛教的重要價值與意義。

法師請余以為序。余非佛門中人，然而得見此一學習成果，亦實有所感發，故勉為數語，以為贊助云耳。

二〇二〇年十月，草於國立中央大學

【編撰者序】

效法鑑真大和上之菩提大願心！

二〇一八年春天，我正在江西曹山佛學院講學，因輾轉的因緣接受編撰慈濟高僧傳系列叢書《鑑真大和上》的任務；歷經二年半的時間，在博士班學長賴志銘主編的聲聲呼喚之下終於完成。

記得早年讀佛學院時，曾經讀過《遊方記抄——唐大和上東征傳》，知道鑑真大和上經歷十一年、五次東渡計畫失敗，直到第六次才如願到達日本，過程中極為艱辛，大和上仍未改變其願心，而受其深深感動。大和上在答應日僧赴日傳授戒法之前，早已知道「日本太遠，性命難存；滄海淼漫，百無一至」；

但基於「為是法事也，何惜身命？諸人不去，我即去耳」的信念，當時已是一代戒律大師的鑑真大和上，仍然願意踏上千辛萬苦的赴日弘法之路。

接下這書寫《鑑真大和上》傳記的任務時，也讓我憶起近二十五年前的一段往事：當年赴澳洲學習英文，曾應隔壁班老師的邀請，以英文為日本學生講說鑑真大和上的故事。當天是臨時受邀，並沒有準備，僅憑在佛學院讀《唐大和上東征傳》因感動所留下的深刻印象，為同學講說。據說，當時這個題目與邀請是日本學生發起的；由此可知，鑑真大和上在日本人心中有一定的地位。這個經驗，算是我與鑑真大和上很特殊的緣分，也是我欣然接下此任務的原因之一。

本書的撰寫，主要的參考資料在原典的部分有《遊方記抄——唐大和上東征傳》及律典；現代人的著作方面，則主要有各出版社的鑑真大師傳、相關的漢唐文化史、佛教史；日本飛鳥時代、奈良時代、平安時代、甚至是鎌倉時代的社會及佛教史；還有中日佛教戒律的專書與期刊。

本書與過去出版的鑑真大和上之傳記的不同之處在於，不僅陳述其生平事蹟，尚就歷史背景、學思歷程、弘法事業之內涵、以及其所造成的影響，進行全方位的探討。是以本書雖屬通俗傳記，但也略帶學術論述之風格；省略的考證與出處之標示，則於全書之末交代參考文獻，可供讀者參照。

全書分為六大部分。在緣起的部分，先就當時中國社會的佛教概況、日本社會及佛教概況進行說明，引領讀者進入當時的時空背景，並為本書揭開序幕。

第一章則敘述鑑真出家的因緣、學法的時代、僧格養成及思想與修行風格，探討其有哪些殊勝之處，才能造就大和上有這樣的大成就。簡言之，在大和上學法的過程中，以人文薈萃的揚州為起點，又是在中國佛教的發展的黃金時期；大和上出生年代正是兩京佛教的開展，各家宗派百家爭鳴；其最主要的學思背景，便是建立於兩京學習戒律階段，律學大師包括道宣律師、法礪、義淨大師等人的著作與學思，對其思想影響甚鉅。

第二章主要介紹，完成兩京的學習後，鑑真大和上從西元七一三年到西元七五三年赴日之前，共四十年時間在中國的弘法事業，其中包括講律傳戒、建寺安僧、及許多的慈善事業。大和上雖多次東渡失敗，其弘法的足跡卻因此遍及中國東南方——當時為佛法邊地，對中國佛法與戒律的傳播頗有建樹。

第三章敘述大和上赴日過程的艱辛血淚史，展現其赴日傳戒的大願心，主要參考的文獻是《遊方記抄——唐大和上東征傳》。第四章則述說大和上在日本十年的主要弘法經過與影響，內容包括大和上在日本弘法所面臨的阻礙，建寺、傳戒的過程，及大和上及其弟子對日本各宗派的影響。

最後，在「影響」部分，以「開創日本佛教與文化的新契機」做為大和上赴日後帶給日本之貢獻與影響的收攝評語，主要闡述大和上及其弟子對日本文化的發展、戒律的受持演變、日本宗派迭興等方面的影響，以及其菩薩願行所建立的大乘行者典範。

鑑真大和上決定赴日時，在中國佛教界已有相當崇高的地位，能過著受人尊重、安定舒適的日子；他卻發願赴日，開始經歷冒險、奔波、甚至危及生命的日子，為使戒法得以東傳，毅然決然地拋開舒適圈。這分「念念上求佛道，心心下化眾生」之大乘行者的菩提大願心，讓筆者深感望塵莫及。尤其筆者近日正好遇到修行環境轉換抉擇之際，更可體會，要拋開舒適圈的生活、邁向一個不確定且陌生的未來，需要很大的決心與毅力；其背後的支撐力量，實來自菩提願心是否深廣。

二〇二〇年十月二十五日完稿於汐止藍天精舍

目錄

示現

朕造此東大寺經十餘年，欲立戒壇傳受戒律；自有此心，日夜不忘。今諸大德遠來傳戒，冥契朕心；自今以後，受戒傳律，一任大和上。

影響

鑑真又能醫治，療皇太后弗豫有功……時未能精西土藥品，鑑真為辨定之，邦人傚之，醫道益闢。

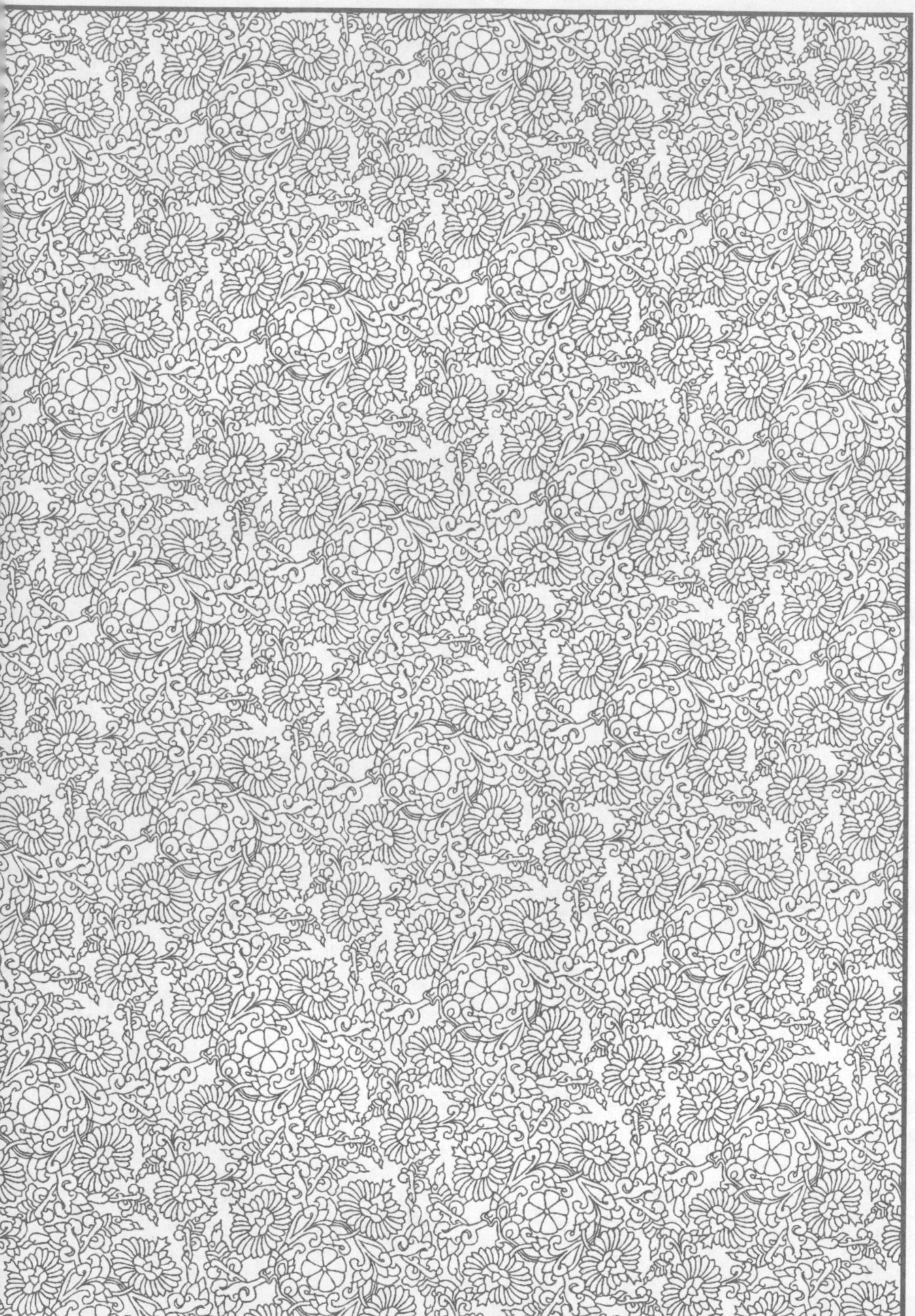

示現

緣起

山川異域，風月同天；
寄諸佛子，共結來緣。

一位唐代的律學高僧，放下世間尊崇，遠渡重洋至異邦弘法，第六次才成功。其所處的時代背景為何？他為什麼得如此冒險呢？

鑑真身處的唐代社會及佛教概況

武則天對佛教的助緣

武則天（西元六二四至七〇五年），名武曌，祖籍並州文水縣，生於長安，為唐高宗之皇后、武周開國皇帝；當代稱則天順聖皇后或武后，後代通稱武則天，乃是中國歷史上因執掌君權獲得正史唯一承認的女性皇帝。

武氏開始涉入朝廷事務始於唐高宗患風眩病、無力聽政，武氏因此從西元六六〇年十一月開始臨朝，歷史上對這段臨朝的評論為：「自此內輔國政數十年，威勢與帝無異」。

唐高宗駕崩後，在唐中宗、唐睿宗時代，武氏以皇太后臨朝稱制，時間從西元六八三年十二月二十七日到六九〇年十月十六日。她在這期間利用種種謀略，多次殺害唐室諸王大臣以求立威，最後為自己正名，以武周皇帝自居，稱帝時間從西元六九〇年十月十六日到七〇五年二月二十一日，共十四年四個月又五天。

由於武氏曾經出家，再加上其篡位乃至稱帝，為使其篡位具有正當性，武氏運用《大雲經》與「彌勒下生」思想（註一），從佛教經典找到其篡位的啟示，以阻擋悠悠之口的批判。由於武氏稱帝後持續護持佛教，也因此使得佛教在當時的地位高於唐朝奉為先祖之李耳——即老子——所創的道教（依託《老子》思想為理論根據）。

武氏登上皇帝的位置後，對佛教的弘傳也提供許多助緣。例如，她下詔天下諸州度僧——鑑真大和上就是藉這個因緣在西元七〇一年（長安元年）出家；另外，同時在一州設立一大雲寺，這個政策使得佛教得以在全國普及。

國家佛教

從隋朝隋文帝起主政者以國家的力量干預佛教的發展、傳播與管理。在具體的項目中包括：國家寺院、出家制度、度牒的頒發、僧官制度、譯經事業的展開等。因為國家力量的介入，此階段的佛教在中國的發展可說是黃金時期。佛教依其根據的經典不同及教理著重的角度不同，當時在中國的衍伸出八大宗派，同時也出現多位貢獻極高的僧人，如天台宗的智者大師（智顗）、三論宗的吉藏大師、唯識宗的玄奘大師、華嚴宗的法藏大師、律宗的道宣大師、禪宗五祖弘忍大師、以及取經與譯經名家義淨大師等；這幾位高僧大德，對於鑑真大師能為法忘軀、為佛法東傳建立功勳，都發揮直接或間接的影響力。

在寺院管理的部分，唐朝對國家級佛教寺院的管理雖然延續南北朝乃至於隋朝的管理方式，但仍將寺等的分類從名分本位逐漸轉為地望本位。隋朝於各州廣建官寺，官寺又分國家大寺與皇家功德寺；唐朝則改以「京寺」與「諸州寺」稱官寺。西元六二六年（武德九年），唐高祖下詔，命「京城留寺三所」、「天下諸州各留一所」；而京城中所留的三所寺院，源於隋朝的兩大功德寺與一大國寺──大總持寺原為隋朝的禪定寺、大莊嚴寺為隋朝的大禪定寺、大興善寺原為尊善寺。

然而，在唐朝「京寺」中最為尊貴的國寺，仍可能兼具功德寺的地位。例如，在西元六四八年（貞觀二十二年）唐太宗九月下詔：「京城及天下諸州寺，宜各度五人，弘福寺宜度五十人」；在此被獨尊的京寺弘福寺，同時也是唐太宗為亡母追福的功德寺。

唐朝的僧官（註二）制度源自於魏晉南北朝，亦即「以僧管僧」的方式。僧官是由僧眾推舉，朝廷任命，整頓釋門，安定社會。

但是，貞觀年間，僧官任務也隨著唐朝中央與地方的政權建設完成，佛門的事務歸鴻臚寺和州縣功曹，僧官轉為榮寵之稱，不再過問釋門政務。武則天時代，令天下僧尼轉隸禮部祠部；經寺度僧由祠部頒發度牒，不准私自出家，僧籍簿三年更新一次。

後武后的唐朝佛教

武后為了展現「武周革命」的合法性，運用佛教《大雲經》、《佛說寶雨經》

來證明其「革命」的正當性與神聖性。

《大雲經》是《大方等無想經》之異名，又名《大方等大雲經》，六卷。該經內容為，有大雲密藏菩薩使諸問雲興，贊許而說種種不可思議解脫之法門。載初元年七月，沙門懷義、法朗等造《大雲經疏》，賦予《大雲經》新的意涵：所謂經中所說「即以女身當王國土」者，即應是當今的武則天，並稱武則天為彌勒下生。

長壽二年（六九三年），菩提流志等又譯《寶雨經》上呈武則天。《寶雨經》共十卷，又名《顯授不退轉菩薩記》。該經說，佛於伽耶山頂放光明，照遍十方，攝入面門，授記於日月光天子，當於支那國做女王。該經是梁曼陀羅仙所譯《寶雨經》的重譯，但新添了佛授記「日月光天子」於「摩訶支那國」「故現女身為自在主」等內容。

因其引用佛經做為其稱帝的根據，是以其在位期間實行「佛先道後」。

西元七〇五年（神龍元年），武則天退位，其子中宗即位，恢復唐朝。由於中宗出生後就皈依玄奘大師，其在位五年期間對佛教十分護持。他曾親自去龍門的佛寺請僧人到皇宮結夏安居，並請求僧人為其授菩薩戒。

為提升僧人的程度，中宗下詔在剃度前必須通過相關的佛教經典考試，並為義淨大師的翻譯經典寫序文。此外，其廣授高僧朝觀稱號，容許道岸律師在其面前僅長揖而不拜。

唐中宗在政變中喪生後，唐睿宗在西元七一〇年（景雲元年）即位。雖然唐睿宗也從華嚴宗之法藏法師授菩薩戒，《舊唐書》中並提到他在短短兩年執政期間「盛興佛寺，百姓勞弊，帑藏為之空竭」；但與此同時，他也開始抑制佛教。他登基後不久就頒布〈令僧道並行制〉，強調佛教與道教雖然在教義有所差別，但是在拯救世人、教化人心的功德是不分高下；所以，他下令，在法事集會中時，僧尼與道士女冠等——也就是指佛教、道教的修行人，應該地位平等、平起平坐，並一同出席。而此命令，也成為日後唐玄宗抑制佛教發展的依據之一。

唐玄宗在位期間數度下詔來抑制佛教；(註三)然而，唐玄宗抑制佛教並不代表當時朝廷制止佛教的發展。只是，唐朝當時強調由老子（李耳）所創的道教之地位優於佛教，發展上希望能兩者並進。因此，當日本遣唐使藤原清河向唐玄宗提出邀請鑑真大師赴日弘法的要求時，朝廷的回應是，除了佛教的弘法團赴日外，應該再派兩位道士一起前往。

唐玄宗不僅沒有禁止佛教的發展，當時還有許多政策是引導佛教發展；其中，以支持開元三大士(註四)創建唐朝的密宗建樹最大。

唐玄宗並不熱衷於寺院的建設與大規模的度僧，而是定位佛教的功能在於為國家祭祀與祈福。例如，自西元七三九年（開元二十七年）起，每年皆在龍興寺為已故的皇帝、皇后做超薦佛事，在開元寺為當今皇上、皇后的誕辰辦祈福法會。

日本當時的社會文化概況

隋朝雖然僅有短短三十年，在此期間，日本曾先後四次派出遣隋使團和留學生；唐朝時期，日本則向中國派出十多次遣唐使團。遣唐使從唐朝的角度認為是朝貢使，即藉由向唐朝皇帝進貢來與唐朝締結外交關係。

然而，遣唐使還有另一個主要任務是向唐朝學習法典、制度、文化，並將其輸入日本。因為，唐朝時期可說是中國歷史上最為輝煌的朝代，且政治、經濟、文化等方面處於巔峰時期。這段時期，日本對於中華文明為全面且有系統地學習和模仿，並以唐朝為範本，建構日本各種新的制度與文化。

奈良時代唐風盛行

奈良時代，是指西元七一〇年至七九四年，聖武天皇遷都到奈良（平城京）

後，直至八世紀中葉。當時的皇族與貴族，藉著遣唐使積極地輸入及學習武周及唐朝的文化，以京城為中心形成唐風與隆昌盛的文化。由於當時聖武天皇使用的年號為天平，所以又稱為「天平文化」。(註五)

聖武天皇開創天平文化，締造出唐風盛行的巔峰時期。當時因為經歷長時期且大批地派遣使節到中國，日本得以全盤地學習唐朝的先進文化。八世紀的日本屬於奈良時代，當時的平城京完全是仿照唐都長安的格局而建，只有長安城的四分之一，但為舊都藤原京（今奈良縣橿原市）的三倍，曾被稱為「富有國際性的小長安」。平城京是以棋盤般的條坊布局，在其中建立了為數不少的官衙；而貴族與庶民的房屋如果用瓦來修葺，或者將屋柱塗上丹色就會獲得獎勵。再者，原本建在飛鳥（位於奈良縣）的大寺院亦陸續轉移。就這樣，平城京如「就像花開的香氣散發」那般地發展。

奈良時代，日本從官制、田制、稅制、學制、刑律、禮制、曆學、文學、史學、建築、音樂、工藝、宗教乃至衣冠文物等等，幾乎全面地「唐化」。如「大化革新」（註六）所頒律令，與唐律相同或近似的就有四百多條，《大寶律令》、《養老律令》（註七）就是模仿《唐律》而編成的。又，《續日本紀》（註八）記載：「己亥，入唐使等拜見，皆著唐國所授朝服。」「朝會之禮、常服之制、拜跪之等，不分男女，一準唐儀。」足見唐代衣冠文明禮儀對當時的日本有很大之影響。

這一時期文化昌盛，天皇和國家本位主義的傾向，貴族中心化的都市文化，佛教中心的藝術都受到唐朝文化風格的強烈影響，因而造就此時期在城市規劃、寺廟建築等方面有很高成就。可以說，唐代的文明幾乎滲入日本社會的各個角落，象徵中國文化的詩、琴、棋、書、畫，還有中國醫藥，處處可見。

那時的奈良是日本文化、藝術和工藝的搖籃；在各代皇帝和皇后的庇護下，佛教首先在此興盛起來。唐朝依道州縣建立的官縣制度，天平時期也完全仿造。

聖武天皇在諸國均建造了僧寺四天王護國寺（國分僧寺）及尼寺法華滅罪寺（國分尼寺），並在其中修建了七重塔，也各放置一部《金光明最勝王經》及《妙法蓮華經》。而作為總本山國分寺、總國分尼寺，分別是東大寺及法華寺，東大寺大佛更被視為鎮護國家的象徵。

遣唐使節的派遣

日本在飛鳥時代派遣「遣隋使」至中國隋朝之後，奈良、平安兩朝的「遣唐使」之陣容更加盛大；經由派遣中國的船舶載入的中國文物，成為日本國文化的基礎。

日本派赴中國唐朝的使節團，於西元六三〇年（日本舒明天皇二年，唐貞觀四年）第一次遣使，最後一次在八三八年（即日本承和五年，唐開成五年）。西元八九四年（日本寬平六年，唐乾甯元年）又準備派遣，並已經任命；卻由於菅原道真諫阻，遂從此正式停止遣唐使。

從西元六三〇年到八九四年，二百六十餘年間，除三次任命而未成行外，抵達長安的日本使臣，兩次是送唐朝使臣回國，一次迎遣唐使歸返日本，正式的遣唐使計有十二次。

初期遣唐使團共二百餘人，乘船兩艘；以後增為四艘，人數增至五百餘人，但只有少數主要成員獲准進入長安。遣唐使團官員有正使、副使、判官、錄事；遣唐使團成員除約半數的舵師、水手之外，還包括醫師、畫師、樂師、譯語、史生、以及各行工匠。另外，還有長期居留的留學生及留學生，以及短期入唐並隨使團一起回國的還學生、還學僧、以及負責防衛的射手。

遣唐使的貢獻首先是引進唐朝典章律令，推動日本社會制度的革新。遣唐使在長安全面式地考察與深入學習，回國後參與樞要，仿行唐制；如前述法令《大寶律令》，即是以唐朝律令為範例所制定的。在教育方面，則是仿效唐朝教育制度，開設學校教授漢學，培養人才。遣唐使另外還輸入唐朝書法、繪畫、雕塑、音樂、舞蹈等藝術，經過消化吸收，與當地本有的文化融合為嶄新的日本民族文化。

若是從日本遣唐使派遣的背景和目的來分類，可區分為四個階段——

第一階段（西元六三〇至六六三年）：

為了服務於日本當時對唐朝外交政策，遣唐使最先必須學習唐朝先進的政治體制，擔負起改革日本國內政治體制的使命，以幫助其改革本國內落後的政治體制，並建立先進唐朝式的中央集權的政治體制，廢除當時的豪族專政制度。

其次，與唐朝相對立，為保護日本本身在朝鮮半島的既得利益，大力推進地域冊封體制。也就是說，日本當時的外交政策，為推進日本國內的大化革新等諸項改革，除了藉由遣唐使吸取唐朝中央集權體制的經驗，又要保護自己的既得利益；為調和與唐朝在朝鮮半島的勢力，還涉入了朝鮮半島小國的戰爭。（註九）

第二階段（西元六六五至六六九年）：

因日本的地理位置和經濟落後等因素，日本國長期處於被東亞諸國孤立的境地。當時，為改變自身地理上孤立與落後的狀態，在新羅一統半島朝鮮之後，為了表示自己與唐朝之親和關係，日本曾先後兩次派遣唐使前往唐朝，企圖改變不利狀況。

第三階段（西元七〇二至七五二年）：

此時的唐朝無論是政治、經濟，還是文化及技術，都出現了前所未有的繁榮局面，正值鼎盛期。因此，為了將唐朝豐富多彩的物質生活資料帶回日本島國，並促進日本國內政治、經濟、文化的發展繁榮，日本先後四次派遣了遣唐使至中土大唐，以全面廣泛地借鑑與吸收唐朝的先進文化和技術。日本當時的奈良文化，正是在這一時期達到了繁榮期，鑑真大和上赴日即是於此時期。

第四階段（西元七七七至八三八年）：

此時的唐朝，日漸顯出衰落的跡象；在察覺到唐朝的動盪不安且不宜久留之後，日本僧人便立即向當時的日本天皇遞交了國書，建議盡可能地減少派遣遣唐使的數量與次數。所以，相較於其他的歷史時期，此時期派遣的遣唐使無論是在次數還是在人數上都減少許多。

遣唐使節路線轉變的因素

日本遣唐使節赴中國有三種路線，一條北路，二條南路（或分別稱南島路與南路）。

早期、也就是飛鳥時代，從遣隋使到遣唐使所走的路線就是北路，亦即從七世紀三〇年代到七〇年代約四十年間，採取此路線——遣唐使在難波（今日本大阪）登舟，通過瀨戶內海，從博多（今日本福岡）出發。然後沿朝鮮半島西岸北行，再沿遼東半島南岸西行，跨過渤海，在山東半島登陸，再由陸路西赴，經過洛陽，最後到長安。

這條航線大部分是沿海岸航行，比較安全，船隻遇難情況較少。

直到朝鮮半島上的新羅逐漸強大，新羅滅百濟、高句麗，統一半島，與日本關係一度不甚融洽，「北路—朝鮮」半島路線無法行進。

於是，遣唐使船在七世紀七〇年代起往南方行，即是南路。南路有兩條，一條為在七世紀七〇年代到八世紀六〇年代這一百年間所走的，亦稱南島路：從九州南下，沿南方的種子島、屋久島、奄美諸島，向西北橫跨中國東海，在長江口登陸，再由運河北上。

這條航線主要航行於渺茫無邊的東海上，很難靠岸，危險較大。北路和南島路都需航行約三十天左右，甚至是更長時間。

八世紀七〇年代以後，直到停止遣唐使前，則走另一條南路：由九州西邊的五島列島徑向西南，橫渡東海，在長江口的

蘇州、明州一帶登陸，轉由運河北上。

這條航線所需時間較短，一般在十天左右，甚至三天可達；然而，風險與南島路大致相同。

日本的佛教概況

佛教傳入日本

佛教傳入日本，在歷史上的分法有私傳與公傳兩種方式；私傳即是透過民間的傳播途徑傳播，公傳即由國家管道傳入。私傳是藉由移民傳入，較公傳為早些傳入；因是民間流傳，相關歷史記載較少。公傳則是透過朝鮮半島百濟王的傳播，相關記載大多依據《日本書紀》。

一、佛教的私傳

日本佛使教的私傳路線，有經由直接從中國大陸渡海而去的私傳，與經由朝鮮半島傳播的私傳。

漢人移民的私傳，乃隨著大陸移民進入日本，佛教於南朝梁之後傳到日本。根據皇圓《扶桑略記·卷三》記載，在西元五二二年，即繼體天皇十六年，也就是梁武帝普通三年，漢族移民司馬達止到達大和國，在國高寺阪田原建草堂供奉佛像，歸依禮拜。然而，此僅為中國人移民日本的信仰，並未傳至日本民間。

由於朝鮮半島較靠近中國，朝鮮半島的佛教早日本約一百五十年；因此，經由朝鮮半島到日本的中國移民或朝鮮人，都可能將佛教帶進日本。

此兩個路線的私傳，最初都是移民者將自己的信仰帶到日本；一開始只局限在自己的生活圈中，之後才在日本民間傳播，再逐漸影響到上流社會。

二、佛教公傳

影響大的是所謂佛教的「公傳」。有兩種說法。第一種說法為成書於八世紀的《日本書紀》記載：西元五五二年，欽明天皇十三年，朝鮮半島的百濟國聖明王派使者姬氏達率領怒唎私致等人到日本朝廷，獻釋迦佛金銅像一尊及幡蓋、經論等，佛教從此在上層社會流傳。

第二種說法為根據《上宮聖德法王帝說》和《元興寺伽藍緣起》記載，百濟聖明王獻佛像經論的時間是西元五三八年（欽明天皇七年）。

近年來，日本學術界一般認為後一種說法比較可靠。

在佛教經由國家正式的管道傳入日本後，日本出現了擁佛派與反佛派兩股勢力。日本當時的天皇僅有名位，並無統治全國的實權，全國分別由神別、皇別、諸蕃等三十幾個氏族相互競爭權勢。在各個族氏之中，以神別氏族的物部氏、中臣氏，以及皇別氏族的蘇我氏，占較大的優勢，三者之間相互較勁也最為激烈。

物部氏為大和朝廷有權勢的氏族，掌有軍權，思想保守，與神道的僧侶中臣氏都是擁護舊有的神道，新興勢力蘇我氏則是贊成佛教。崇佛派認為，佛法在日本西方諸國皆十分崇敬，日本當然不能不信仰禮敬。排佛派則認為，長久以來，日本的國王都會在春夏秋冬四季祭拜天地社稷百八十神；如果現在改拜番神，國神恐怕會震怒而處罰。

就在兩派相互爭辯之下，欽明天皇將佛像賜給蘇我氏，蘇我稻目乃捨其向原之家為佛寺，即是向原寺或稱豐浦寺，此為日本貴族信奉佛教的開始。

然而，日本當時崇佛與排佛的兩股勢力多有消長。直到用明皇朝，在用明天皇駕崩後，為了皇位繼承，兩派引發戰爭，排佛派物部氏滅亡，擁佛派蘇我氏勝利。當時，由欽明天皇之子崇峻天皇即位；但五年後即為外戚蘇我馬子所弒，改由用明天皇之妹推古天皇（日本第一位女性天皇）登基。

推古天皇登基對日本佛教公傳可說是轉捩點。雖然，在推古以前的十多年間，佛法已經很受重視，但強大的排佛勢力依然存在。推古天皇即位後，她與被齊立為太子的姪兒廄戶皇子——也就是知名的聖德太子（註一〇），兩人都篤信佛教。在聖德太子攝政三十年間，也就是文化史上所稱的飛鳥時代（註一一），對佛教的推廣不遺餘力，日本的佛教逐漸蓬勃發展。

當時的日本佛教發展

經歷了飛鳥文化吹起唐風的濫觴，與白鳳文化（註一二）時期唐風接力的傳播，日本歷史接著進入唐風盛行的奈良時代。

由於當時的日本佛教，有別於早期需藉由朝鮮的間接傳播，而是直接從中國傳播進來，日本皇室效法唐朝在州縣建立觀寺制度，聖武天皇在各小國中設立國分寺與國分尼寺，每座國分寺建造七重佛塔一座、一尊一丈六高的釋迦牟尼佛像；每座國分僧寺住二十名出家男眾，每座國分尼寺住十名出家女眾。僧尼們在寺裡供養佛菩薩、禮拜、讀誦三大護國經典（《金光明最勝王經》、《妙法蓮華經》、《仁王護國般若波羅蜜多經》），祈求國泰民安，風調雨順。

天皇藉由佛教的傳播，將中央的統治力量影響到地方，排除舊有世族社會的障礙，與當時各種律令一起建立新的國家體制。

除了國分寺的建立，在聖武天皇花費十年建造的東大寺，自西元七四三年（天平十五年）開始在諸小國募款、奠基，直到孝天天皇年代西元七五三年（天平勝寶四年）方落成。此寺受華嚴思想的啟示，工程壯麗。本尊是毘盧遮那佛像高五丈三尺五寸，所用的鎔銅有七十三萬七千五百六十一斤，煉金則使用一萬四百三十六兩；本尊旁的脇侍，為三丈高的觀世音菩薩與虛空藏菩薩。此寺動用來自政府、民間與佛教界的龐大資源才得以建設完成，故此寺有「四聖建立」（註一三）之稱。奈良時期的佛教教理亦十分盛行，中國佛教的宗派已傳入，後代稱為「古京六宗」（註一四）。

日本促請戒師赴日緣起

鑑真大和上受邀前往日本傳教之前，日本的佛教處於怎樣的狀況，使得日本朝廷積極地想請中國的佛教戒師赴日傳戒？

奈良時期，在國家佛教的主導下，佛教深入各地方，但民間佛教亦十分活躍；充滿活力的民間佛教，不在國家的管束之下，私渡僧眾的狀況氾濫。奈良朝廷對於這樣的情形雖然感到頭疼並想加以約束；不過，因為民間佛教在民眾中有舉足輕重的力量，當官方大力建設佛教寺院時又須仰賴民間佛教的力量，令奈良官方陷入兩難的局面。

建立東大寺時，作為四聖之一的「行基菩薩」，即是典型的例子。在元正天皇養老元年的詔旨裡，嚴厲指責行基為「小僧行基」，並認為他「妄說罪福、合拘朋黨、詐稱聖道、妖惑百姓」；然而，當朝廷大興土木、建造佛寺及大佛時，為了得到民間力量的協助，又不得不封他為大僧正。

日本佛教於大化革新前，主要是透過朝鮮半島間接傳入；大化革新後，則由中國隋唐直接傳入，令奈良佛教達到鼎盛期。佛教雖然在朝廷的推動下，得到很好的發展，佛教戒律的推動卻一直停滯不前；僧尼不依戒律，輒犯惡逆，素質一直無法提升。

為了整頓僧尼現象，朝廷實施「僧綱制」和「十師制」——亦即以行政的手法，採取「以僧管僧」的方式，並運用朝廷暫編的律令「僧尼令」，規定僧尼應遵守法律的規定。

由於日本佛教界的戒律傳承仍未落實；因此，在這樣的制度下，雖然僧尼的惡行變少了，但仍非用佛教本身的戒律來軌範僧尼。

國家把佛教作為鞏固統治的精神依靠，強力支持與鼓勵，所以造成寺院財富、田地不斷地攀升，寺院兼併許多百姓的田地；許多百姓為逃避苛稅，還有因為生活困難，未經核准而私自出家。僧尼素質的問題因此不僅沒有解決，反而日益嚴重。

加上當時有些僧尼，並不熱衷修行，而是行巫術占卜在民間詐財，與佛教「救病徒，施湯藥而療痼病」相違背，卻做「詐禱幻怪之情，戾執巫術，逆占吉凶，恐脅耄稚，稍致有求，道俗無別」；如此一來，反而造成佛教與民眾對立，妨礙社會安定，與國家支持佛教的初衷相違背。因此，朝廷希望以佛法的戒律約束僧尼行為的動機更加強烈。

前揭所提之佛教與社會等因素，都是當時朝廷想要僧人如法受戒、能如法如律修行的動機。此外，還有一個重要的因素：奈良時代後期、聖武天皇之後，朝廷對佛教的需求還包括咒力、法力。

自從佛教傳入日本，無論個人、氏族或國家，其實仍以追求現世利益為最主要目標；希望召請戒師傳戒的原因，主要期望日僧在如法受戒後，誦經祈福的「法力」能與他國僧侶並駕齊驅。所以，日本朝廷最想追求的是，日本僧尼能如法如律受戒，對受戒與戒律自身的意義就較不在乎。

由於背後隱藏這個重要的因素，也造成西元七五四年（天平勝寶六年）鑑真大和上東渡之後，受戒儀式所需的設施及制度得以迅速完備；至於鑑真大和上最為期盼的是徹底整頓戒律的修學環境，則因為朝廷的不重視，幾乎全部被擱置。

【註釋】

註一：據《彌勒下生經》云，釋迦牟尼佛授記為「一生補處」的彌勒菩薩，往生後於兜率天之內院修行，將繼釋尊後於人間成佛。那時的人間已淨化為「淨土」，彌勒菩薩於兜率天觀察父母後降生。之後「出家學道」，在「龍華樹」下修行，夜半出家，「即於其夜成無上道」。成佛後的彌勒，便於龍華樹下說法，度化眾生。彌勒初會，九十六億人得阿羅漢；彌勒二會，九十四億人得阿羅漢；彌勒佛三會，九十二億人得阿羅漢。

註二：僧官，又稱「僧綱」，原指僧尼之綱維，為便於寺院管理。一般由政府任命，主要的職務為掌管統領全國僧尼以護持教法，亦即檢查僧尼有無犯戒、違犯清規等情事，並監督諸寺院事務之官職。

註三：唐玄宗在位期間，所下的抑制佛教詔書包括〈禁百官與僧道往還制〉、〈禁坊市鑄佛、寫經詔〉、〈禁創建寺觀詔〉、〈禁仕女施錢佛寺詔〉、〈分散化度寺無盡藏財物詔〉、〈禁僧道掩匿詔〉、〈禁僧道不守戒律詔〉、

〈括檢僧尼詔〉、〈禁僧俗往還詔〉、〈禁僧徒斂財詔〉、〈佛寺詔〉、〈令僧尼致拜父母詔〉、〈流僧人懷詔敕〉。

註四：開元三大士為：梵僧善無畏於西元七一六年（開元四年）來華，唐玄宗請他住內道場，並稱之為教主。梵僧金剛智於西元七二〇年（開元八年）來華，敕住慈恩寺。梵僧不空自幼來華，西元七四六年（天寶五載），唐玄宗請不空法師住鴻臚寺，並請不空法師為自己受菩薩戒灌頂法，成為菩薩戒弟子。唐朝的密宗即是開元三大士所創建。

註五：西元七一〇年（和銅三年），日本元明天皇奠都平城（奈良），至西元七八四年（延曆三年）遷都山城國長岡（京都西郊），是日本史上的奈良朝，於西元七二九至七四八年以「天平」為年號，以後又以天平感寶、天平勝寶、天平寶字、天平神護等為年號，是奈良時代的全盛期，稱為天平文化、或稱奈良文化。

註六：大化革新乃西元六四五年六月發生在日本的政變。革新前，蘇我氏等大貴族控制政權，天皇沒實權。皇室中大兄皇子，聯合貴族中臣聯足發動政變，刺殺當時掌權的蘇我入鹿，皇室得以重掌大權，大兄皇子等人擁立孝德天皇繼位。

孝德天皇建元「大化」，意為「偉大的變化」，也是日本歷史上首個年號。西元六四六年初，孝德天皇頒布〈改新之詔〉，推行政治改革，歷史上稱為「大化革新」。日本遂向以天皇為首的中央集權封建國家邁進。

註七：《大寶律令》為文武天皇於西元七〇〇年時命刑部親王、藤原不比等十九人撰定，西元七〇一年（日本大寶元年）制定，將日本至七世紀以來的制度與法規修正補訂成完備的法典，奠定日本做為一個中央集權國家的法治基礎。此律令有律六卷、令十一卷；「律」如現代的刑法，大致模仿唐律，但同時也吸取日本故有的維持秩序的制度；「令」則如現代的行政法、民法、訴訟法。此令乃根據日本社經狀況，參照唐令制定的。此律令標誌著大化革新的成功。

西元七一八年，藤原不比等奉元正天皇之命，以《大寶律令》以及中國唐朝《永徽令》為基礎，制定《養老律令》。此律令有律十卷、十三篇，以及令十卷、三十篇。制定後未立即實施，至西元七五七年才實施。

註八：《續日本紀》是奈良時代的基本史料。是平安時代編撰的官方史書，記載西元六九七年至西元七九一年之間的歷史大事，由菅野真道於西元七九七年完成，總計四十卷。

註九：西元六六〇年，唐高宗顯慶五年，朝鮮半島的百濟進攻新羅，新羅王金春秋遣使向唐求救，高宗派大軍十三萬人滅百濟。西元六六三年，百濟殘餘勢力向日本求救，日本聯合百濟抗唐；兩軍激戰四次，日軍死傷殆盡，四百艘船全被焚；百濟王逃往高句麗，日本齊明天皇死在路上。

註一〇：聖德太子，推古天皇朝攝政三十年，推動改革。乃用明天皇第二皇子，別名上宮王。於西元六〇三年制定〈冠位十二階〉，西元六〇四年制定〈十七條憲法〉，確立以天皇為中心的中央集權體制，藉以抑制豪強。又在西元六〇七年派遣隋使小野妹子及其他留學生到中國，建立邦交以及吸取中國先進文化。

其在位期間致力於提倡佛教、儒學，引進隋朝律令，建法隆寺、四天王寺，並著有《三經義疏》，被尊為日本佛教始祖。採用曆法，編纂《國記》、《天皇記》等史書，建樹頗多。

鑑真在揚州大明寺曾說：「昔聞南岳思禪師遷化之後，託生倭國王子，興隆佛法濟度眾生。」其中所說的倭國王子，據說即聖德太子；換言之，聖德太子是慧思禪師轉世。

註一一：日本從推古朝到大化革新，稱為「飛鳥時代」，基本上是指七世紀的日本，具體而言乃是從西元五九二到七一〇年之間。飛鳥時代乃是以其根據遺址所在地奈良城南方二十五公里處的飛鳥京命名。

日本皇權在飛鳥時代開始發生巨大的變革，大化革新後，中央集權的天皇體制正式成形，取代諸侯割據的局面。飛鳥時代也是日本史上重要的文化、社會和政治發展時期，在從中國傳入的佛教影響下有長足的發展，佛教的引入乃是日本社會結構改變的重要標誌。

此時代的另一個重要表現是日本國的稱呼，從「倭」變為「日本」。

註一二：白鳳文化是指從西元六四五年大化革新起，至西元七一〇年遷都平城京（即為今日奈良）稱為白鳳文化，亦有學者將之納入飛鳥文化。

註一三：「四聖建立」意指，東大寺的建造是靠：聖武天皇的心願、行基菩薩的勸化、良辨的開基、菩提遷那為其導師，才得以成就。

註一四：「古京六宗」指的是奈良時代佛教所所建立的宗派。「古京」乃指平城京，「新京」指平安京，奈良時期定都平城京。六宗包括三論宗、成實宗、法相宗、俱舍宗、律宗、華嚴宗。在新京（亦稱北京、平安京），即是現在的京都，所建立的宗派為天台與真言兩宗。

第一章 出家・學法・僧格養成

大和上年十四，隨父入寺，見佛像感動心，因請父求出家；父奇其志，許焉。

鑑真大和上，唐朝僧人。俗姓淳于，江蘇揚州江陽縣人。律宗南山宗傳人，將中國佛教戒律有系統地傳入日本，成為日本佛教律宗開山祖師；亦是著名醫學家，世稱過海大師。為行文方便，以下簡稱大和上為「鑑真」。

唐武后垂拱四年（西元六八八年），鑑真出生於揚州，卒於唐代宗廣德元年（西元七六三年），享年七十六歲。西元七〇一年（武周長安元年），鑑真入揚州大雲寺為沙彌。西元七〇五年（唐中宗神龍元年），從道岸律師受菩薩戒。西元七〇八年（龍景二年）隨道岸禪師入長安，在實際寺荊州弘景律師門下受具足戒，跟隨他學習南山律宗。

在長安期間，鑑真勤學好問，不拘泥於門派之見，廣覽群書，遍訪高僧；

除佛經之外，在建築、繪畫，尤其在醫學方面，都具有很深造詣。

西元七一五年，他回到揚州大明寺修行，西元七三三年成為當地佛教領袖、大明寺方丈，受其傳戒者前後有四萬餘人。時人譽其「江淮之間，獨為化主」。

鑑真大和上出家的因緣、學法的時代、僧格養成及思想與修行風格，有那些殊勝之處，才能造就他有這樣的大成就？將於本章娓娓道來。

出家因緣

耳濡目染，發心出家

鑑真大和上於唐垂拱四年（註一）生於江蘇揚州江陽縣。根據《唐大和上東征傳》記載，大和上乃「俗姓淳于，齊辯士髡之後」，淳于髡（註二）乃戰國七雄之齊國的著名辯士政治家，故鑑真大和上可稱得上為名門之後。

鑑真的父親曾經在揚州的大雲寺跟從智滿禪師（西元五五一至六二八年）受過戒以及學習禪修，可見他出生在一個篤信佛教的家庭，和佛教有著非常特殊的因緣。

另外，在當時的社會，接受授戒以及領取度牒都必須付相當高的費用，不是普通人家可以負擔；由此可見，鑑真出身的家庭經濟情況相當不錯。

武則天下詔各州度僧

武則天在早年曾被迫削髮為尼，當她準備篡位登基的時候，她便盡可能地運用這段經歷。

當時她利用了天意的「祕記」和民意的「勸進」來營造其篡位的正當性，這應該已經足夠了。但在當時，佛教極為興盛，頗具影響力；加上武則天自稱

「佛弟子」和女菩薩，配合當時的時空背景以及武則天的出身，因應而生以佛的旨意來提升其成為皇帝的正當性。

武則天如何藉由佛的「旨意」來證明其當皇帝的正當性？據《舊唐書》記載：

> 載初元年（西元六八九年），……有沙門十人偽撰《大雲經》，表上之，盛言神皇受命之事。

另據敦煌殘卷《大雲經疏》（《大雲經神皇授記義疏》）：「經曰：『即以女身，當王國土……者，今神皇王南閻浮提一天下也。』」將佛經裡的女王，解釋成為當時的「聖母神皇」。又藉由當來下生的彌勒思想，說武則天是彌勒菩薩化身下凡。

武則天得到《大雲經》後，立刻——

> 制頒於天下，令諸州各置大雲寺，總度僧千人。……九月九日，壬午，革唐

命，改國號為周，改元為在授，大赦天下。

由於鑑真的父親早年曾受戒、學禪，他在年僅十四歲的時候，就跟隨父親到大雲寺親近三寶。

具有宿世慧根的鑑真，當時年紀雖然小，但見到佛像大為感動，進而歡喜在佛寺的生活，便請求父親答應他剃度出家。鑑真的父親對其小小年紀就懂得發心出家，大為感動，便欣然接受他的請求。

值遇女皇武則天在西元七〇一年（長安元年），下詔於諸州度僧的機會，鑑真便依止智滿禪師出家；配住的寺院，就是在揚州的大雲寺，後來改名為龍興寺。

佛教當時的地位已提升在道教之上，也開啟了中國邁向國家佛教興盛時期。

天時地利的學法時代

以人文薈萃的揚州為起點

隋唐時期，以洛陽為中心的大運河水陸交通中，揚州因為地處運河和長江交匯處，所以一直有重要的地位。在唐代，揚州亦是最重要的港口城市，對外交流的中心，和伊斯蘭以及東北亞地區交來頻仍；因此，為數眾多的波斯、伊斯蘭哈里發、婆羅門、崑崙、新羅、日本等國人僑居和往來揚州。

此外，唐代的揚州，農業、商業和手工業相當發達，也是南北糧、草、鹽、錢、鐵的運輸中心和海內外交通的重要港口；在政治方面，都督府、大都督府、淮南節度使治所，領淮南、江北諸州階層設置在此。所以，揚州可說是兼具商業、政治、交通功能的國際級大城市，經濟地位在唐中期超過了長安、洛陽，成為唐朝最大的工商業城市。

揚州在文化方面也有顯著的發展。揚州出身的文人不計其數，如李善（西元六三〇至六八九年），為唐高宗時期學者，年輕時向同郡學者曹憲學《文選》，在前人成果的基礎上重新注釋的《文選》，為後人保存了大量重要文獻。其子李邕（西元六七四至七四六年），在文章、詩歌書法都有很大的成就。揚州詩人張若虛（西元約六六〇至七二〇年）為「吳中四士」（註三）之一，其詩作存世的僅〈春江花月夜〉和〈代答閨夢還〉兩首；然而，其中的《春江花月夜》一首，就有「以孤篇壓倒全唐」之譽。

唐朝不少著名詩人如杜牧、白居易等到過揚州，在此留下了許多著名的詩作；詩仙李白送別孟浩然到揚州時所作的「煙花三月下揚州」更是千古名句。

在佛教的傳播部分，揚州早期即為佛教傳入中國的城市之一；加上當時往來日本與中國的海路交通，已經因為朝鮮半島的政局因素改為南路；因此，揚州肩負先進的中原文化向東北亞地區流布的重要節點，同時也是日本遣唐使來到中國最先接觸的城市。

因此，在揚州不僅有原本的佛教傳承基礎，對於日本的佛教境況也能獲得最新的資訊。

國家力量對佛教的影響

中國佛教的發展在隋唐時期可說是黃金時期，主要原因為主政者以國家的力量推動佛教的發展、傳播與管理，具體的項目包括國家寺院、出家制度、度牒的頒發、僧官制度、譯經事業的展開等。

國家介入佛教的傳播，追溯其源，在印度時期，釋迦牟尼佛開始就與統治者有所交涉。孔雀王朝的阿育王，更是將佛教定為國教，到處派遣傳教師至各地宣傳佛教；當時，亞洲、非洲、歐洲三洲都有佛教徒的蹤跡。經阿育王如此大力傳播佛教，佛教因此成為世界重要宗教之一。

然而，國王為何要協助佛教的傳播呢？佛教的教理要求信眾要修學五戒十善，對於平民百姓有教化作用，可以讓社會安頓。此外，印度傳統中，將福德具足且有能力轉動正法、並將正法廣為傳播的國王稱為「轉輪聖王」；因此，對自己有所期許的國王，都會運用國家的力量讓自己的信仰廣為流傳。這樣的思想，隨著佛法從印度東傳而來中國。

西晉以前，佛教在中國傳播很慢；直到五胡十六國的後趙時期，佛圖澄受到石勒父子的信奉，才獲得快速發展。魏晉南北朝時期，正值社會動盪的征戰時代，五胡十六國時天災人禍不斷；佛教高僧在這動亂時代透過預言、治病、祈福消災、祈雨等咒術安定民心，進而以佛教教理教化人民、安慰人心。

屬於少數民族的統治者為感念高僧們對社會安定的協助，以及企圖運用佛教教理的推廣來消弭與漢民族文化差異，因此動用國家的人力、物力興建寺院、塑造佛像，舉行護國法會，協助佛教在中國的傳播。當時，北朝的道安法師因而有「今遭凶年，不依國主，則法事難立。又教化之體，宜令廣布」之感慨。

其中可作為代表者，便是南朝的梁武帝。他以國家權力為主導，施行以佛教教化為理想的「佛教國家」政策，以國家的力量建寺、造佛像、廣開法筵，大規模地進行佛教經典翻譯、編纂、注解、宣講等工作，甚至將自己捨予佛寺。

鑑真的養成階段，國家力量對佛教之發展的影響狀況，分別說明如下——

國家寺院

在國家的力量介入傳播佛教的同時，國家寺院也就應運而生。國家寺院最初出現於隋文帝時期。隋文帝因為在佛寺長大，與佛教有很深的情感；所以，在他即位時，於開皇元年（西元五八一年）即設立官寺；不久後，更在長安建立大興善寺作為中央級的官寺。同年閏三月，分別於東嶽泰山、南嶽衡山、西嶽華山、北嶽恆山、中嶽嵩山各建立一座官寺；同年七月，又在襄陽、隋郡、江陵、普陽等四地建立官寺。隋文帝在統一全國後，為地方政府建立官寺，普及地在四十五州建立大國興寺。

隋文帝所推行的寺院國家化政策，不僅唐朝政府全盤接受，也被日本奈良時代的天皇延用。

度僧制度

在唐朝，私自出家是違法的行為。出家要經國國家考試才能取得僧籍，此種考試制度稱為「試經度僧」。

唐朝的度僧制度除了試經度僧，還另有「特恩度僧」（註四）；此種度僧方式又稱為「恩度」，是指在皇帝的誕辰或帝后、皇族忌辰等重大或特殊節日，經皇帝特別恩准，給予度僧名額後，欲出家者得以剃度人的制度。

唐中宗開始，亦可通過對國家捐款，獲得僧尼資格；以如此方式出家稱為「進納僧」。

唐代「天下寺有定數」，朝廷通過「給額」控制寺數，透過「給度」控制僧尼數。百姓出家，先需申報州府批准；剃度後，由官府配派隸屬之寺，稱做「配名」；如要受具足戒，更須報朝廷批准，才是正度。

唐代宗時，僧尼報請正度，經皇帝敕准、中書門下二省下牒，然後由祠部頒給准度牒。度牒是國家發給僧尼的特殊身分證，包含法名、年齡、貫屬、俗姓名、戶籍狀況、請住寺、師名等項目，還要經相關官署的官員數名與蓋章。僧尼憑牒受正度後，便是赴入請住寺的名籍。

祠度給度牒自唐玄宗開始，度牒都是「綾素、錦素、鈿軸」。另外，在受具足戒後獲得戒牒，在度牒和戒牒俱全的狀況下，才能獲得免傜役和免歲的特權，並得到國家授田三十畝的待遇。

唐代官方的僧尼名籍，由州縣公曹逐寺造冊。唐玄宗以前，僧尼籍只存州縣備案。西元七二八年（開元十六年），初令全國普造僧尼名籍；次年「敕天下僧尼三歲一造籍」西元七四九年（天寶八載），唐玄宗飭令諸州府，改僧尼籍帳「每十年一造，永為常式」。

僧官制度

唐朝的僧官制度源自於魏晉南北朝。隋朝末年社會秩序混亂，僧人不斷地大量增加，建寺度僧無節制；當時的僧尼持戒尚未形成風氣，因此對於傳統的社會秩序和倫理觀念都帶來巨大的衝擊。控制管理僧尼因而成為朝廷重要的課題。

當時的朝廷在原有的官職體系外，專門設置僧司，任僧為官以管理佛寺，強調用僧管僧的方式，不以政權的力量直接強制實行。僧官是由僧眾推舉，朝廷任命，以「大德」稱呼。僧官受命於朝廷，以規復綱紀、整肅法務、傳授經業為任職，整頓釋門，安定社會。

但是，僧官任務也隨著唐朝中央與地方的政權建設完成，佛門的事務歸鴻臚寺和州縣功曹。「大德」變成對德劭位尊者的榮寵之稱，他們主持講席、法事，不再過問釋門政務。

唐代之國家佛教最明顯的特徵，乃藉由給高僧寺號及授爵，把佛家事務納入政府的管制中。法藏、神秀、慧忠、法照、澄觀、知玄等高僧被授予國師稱號；武則天則授法朗、薛懷義等九人紫袈裟、銀龜袋。中宗授慧范「銀青光祿大夫」，憲宗授邊回「司徒號國公」、法藏「鴻臚卿」等榮銜。

譯經事業的展開

發源於印度的佛教能在中國弘傳生根，主要透過大量完整的經典翻譯。從東漢末年到唐代中葉八百多年間，乃譯經事業由初創到最興盛；爾後，宋元雖有譯經，只是補遺或重譯。

中國佛教譯經事業的歷時久遠，所譯經論卷帙龐大。依其發展過程可分漢魏西晉時期譯經初創時代、東晉南北朝時期譯經進展時代、唐代時期全盛時代三期。

而唐代譯經事業之譯經特色，在於主譯者不同於原本由外來高僧主譯（如鳩摩羅什），逐漸轉為由本國高僧來擔任主譯者；最為典型的代表，就是是玄奘與義淨兩位曾經赴印度留學的僧眾。

玄奘大師在西元六二九年（唐太宗貞觀三年）西行求法，歷十七年而歸國，攜回佛經五〇二夾、六五七部。回國後，玄奘法師為唐太宗、高宗所欽重，供養於皇宮內，賜號「三藏法師」。唐太宗且曾兩度勸他還俗輔佐國政，大師都以「願守戒緇門，闡揚遺法」堅定地回絕。唐太宗愛才，轉而為玄奘大師設譯經院，廣招人才，聘任知名學問僧分別掌管筆受、證義等各職事，使得譯場組織較以前更為完備。

玄奘大師先後於弘福寺、大慈恩寺、玉華寺等處譯經，歷經十九年，總共譯出經論七十五部、一三三五卷。所譯出之主要經典包括：《大般若經》六百卷、《瑜伽師地論》一百卷、《大毘婆沙論》二百卷、《俱舍論》、《成唯識論》、《攝大乘論》等。

在譯經工作上，玄奘大師曾經批判鳩摩羅什等古代譯經家以「意譯」為原則之翻譯法；大師因此提倡經典翻譯應該忠於原典，須採取逐字翻譯的譯經新規則。後代譯經家多遵守此規則，並稱玄奘大師以前所翻譯的經典為「舊譯」，玄奘大師起所翻譯的經為「新譯」。（註五）

玄奘大師印度帶回來的經卷總共六百五十七部，畢生翻譯出佛教經律論七十五部、一三三五卷；雖然僅是他從印度帶回經卷總數的百分之十一點四，但其所翻譯出的經典，比起我國史上五大翻譯家中其他四位（鳩摩羅什、真諦、法護、義淨）（註六）所翻譯總數一二二三卷還多了一百一十三卷。

玄奘大師所譯的經典，約占隋唐譯經總數二四七一卷的百分之五十三，所譯經論多為巨作，如《大般若經》、《大毗婆沙論》卷數皆甚龐大。另外，許多唯識經論如《解深密經》、《瑜伽師地論》、《成唯識論》的譯出，使唯識學能在中國形成系統，乃至後續成立宗派。中國譯經事業至玄奘大師的年代已達到最高峰。

義淨乃繼法顯、玄奘之後的西行高僧，遊學印度二十餘年，精通梵、漢，返國之後頗受朝廷重視。西元六九五年（證聖元年），義淨到達洛陽，武則天親自出城迎接。他最初居住在大福先寺，與實叉難陀（註七）、菩提流志等人一同翻譯《大方廣佛華嚴經》，至西元六九九年（聖歷二年）完成。西元七〇〇年（久視元年），義淨開始獨自翻譯佛經。直至西元七〇三年（長安三年）為止，共譯出佛經二十部、一百一十五卷。義淨至此受到朝廷高度重視，經常跟隨武則天出巡。

在唐中宗時期，西元七〇六年（神龍二年），唐中宗命令在大薦福寺中專門設置一所翻經院，讓義淨在此工作。義淨先後在長安、洛陽主持譯場十餘年，總共翻譯出經論五十六部、二百三十卷，所翻譯的數量與品質皆稱卓越。

所處時代的佛教境況

佛教盛世培育出的菁英

鑑真出生的年代正是唐朝佛教盛世——「兩京佛教」的開展。在隋唐時期，兩京是指長安與洛陽。(註八)長安為首都，不僅是全國的政治、經濟、文化的中心，也是國際的大城市，亞洲各國在此有頻繁的經濟、文化交流。東都洛陽為僅次於長安的政治、經濟、文化中心，肩負交通的樞紐，為溝通西方國家絲路之東端的起點，也是南北大運河的中樞。武則天稱帝後，定都洛陽，開鑿龍門石窟。

西元七〇五年（唐中宗神龍元年），十八歲的鑑真從道岸律師受菩薩戒，學習戒律、醫學與建築。兩年後，西元七〇七年，不到二十歲的鑑真離開揚州到東都洛陽求學；第二年，從洛陽到西京長安，並於同年三月二十八日，在長安的實際寺跟從荊州南泉寺高僧弘景大師(註九)受具足戒，成為一名正式比丘。當時，弘景大師已經是七十五歲高齡，他是兼通天台宗和律宗的高僧。

之後，鑑真參學於荊州玉泉寺，研究天台止觀。又跟隨融濟律師研習道宣律師的《四分律刪繁補闕行事鈔》、《四分律刪補隨機羯磨疏》、《量處輕重儀》，並隨義威律師、智全律師、大量律師學習法礪律師的《四分律疏》。將近七年的時間，鑑真在洛陽與長安兩地潛心研究經、律、論三藏。

除了精通佛教戒律和義理外，鑑真對岐黃醫道、書法、佛教建築和藝術等亦有很深的造詣，可說是兩京佛教所培育出的菁英。而這段時間的潛沉學習，對其日後赴日弘法有很大的助益。

末法思想衍生的憂患意識

印度佛教界對於正法衰滅的擔憂開始於熏迦王朝（西元前一八七年）。那是由於來自西方的異民族侵入，對佛教加以迫害；佛教徒看到了當時的現實景象，因而發出的悲切聲。

這樣的心情記錄成文字，記錄時代的經典以正法與像法、或以正法與末法的詞語，敘述關於今昔形態的對比。隨著經典譯出，傳入中國後經時間的沉積，衍生成了正法、像法、末法三時的思想。

尤其西元六世紀時北魏太武帝排佛至北周武帝排佛事件的發生，這三時的思想深深地影響當時的僧人，並深信自己所處的時代為末法時代。他們漸漸就各經的記載予以整理，一般多採正法五百年、像法一千年、末法一萬年的佛教史觀。

如此算來，隋唐佛教正處於末法時期；當時的高僧皆認為自己肩負「荷擔如來家業」的使命，甚至為法忘軀也在所不惜。這樣的憂患意識，相信也深深地烙印在鑑真的腦海中；所以，他能不顧生命險阻，即便眼盲了也要赴日弘揚戒法。

兩京當時所傳行的宗派

三論宗

因據印度龍樹《中論》、《十二門論》和龍樹之弟子提婆所著的《百論》等三部論典創宗而得名；因其闡揚「諸法性空」，故又稱空宗或法性宗。鳩摩羅什傳譯《三論》，為創立三論宗奠定了理論基礎。南朝劉宋時，僧朗將鳩摩羅什、僧肇的學說傳入江南。至僧朗再傳弟子法朗，教義漸趨成熟。法朗的門人吉藏，集三論學說之大成，創立三論宗。吉藏門下包括慧遠、碩法師等，碩法師的門人則有元康繼續弘揚「三論」。但是，三論宗不久後即漸趨衰微。

吉藏法師生於西元五二九年，卒於西元六二三年，在唐朝為十大德之一，曾駐錫於長安實際寺、定永寺、延興寺，並曾於唐太宗貞觀年間奉召入長安安國寺宣講三論。

華嚴宗

漢地對《華嚴經》的研究很早；自東晉佛陀跋陀羅（覺賢，西元三五九至四二九年），譯出六十卷《華嚴經》以來，即有人研究了。北方地論宗研究《華嚴經》其中之《十地經》，因而促成華嚴思想的發展，以北齊的慧光法師為首，由於他們之中研究人才輩出，學派逐漸形成，而促成華嚴宗的成立。

華嚴宗在中國的傳統，一般的說法有五祖相傳；鑑真在兩京參學時，正是三祖法藏建立完備的教義、將華嚴宗推向高峰的時期。

華嚴宗初祖杜順（西元五五七至六四〇年），出身於長安地方，長於禪觀。著有《五教止觀》，闡述其體證到的《華嚴經》玄旨，以示其悟入法界的觀門；還有《法界觀門》，則是將《華嚴經》思想歸納整理為三觀。他是一位新教法的創說者，也是一位實踐的宗教家，德行極高，深受唐太宗信任。

二祖智儼（西元六〇二至六六八年），跟從杜順出家；在唐高宗的護持下，致力於《華嚴經》及《攝大乘論》的研究。撰有《華嚴經搜玄記》、《華嚴經孔目章》、《華嚴經五十要問答》等書，為杜順的觀門注入了理論部分。

第三祖法藏（西元六三四至七一二年），生於長安。為參究華嚴，依止二祖智儼出家。接受則天武后的皈依，並依勅於太原寺講《華嚴經》，深得武后的嘉賞，賜號「賢首大師」，華嚴宗因此又被稱為「賢首宗」。他曾參與實叉難陀的《華嚴經》的翻譯工作，因此直接受勅於洛陽的佛授記寺以及宮中的長生殿，宣講新譯《華嚴經》。

在武后的大力護持下，華嚴宗因此逐漸興盛，足以與當時的唯識宗抗衡。法藏法師著有《探玄記》、《五教章》、《起信論義記》、《華嚴經傳記》等凡三十餘部六十多卷，以此大成了華嚴宗思想體系，確立華嚴宗的一乘教義。

法藏對釋尊的一代時教進行教判，與天台宗的「五時八教」抗衡，以「五教十宗」（註一〇）的教判體系將《華嚴經》思想視為佛陀最精深高明的教義。

其所謂「五教」，杜順就實踐的觀法上，區分為小乘教、大乘始教、大乘終教、頓教、圓教，法藏則是附上教義以及所作教的分類；至於「十宗」，是從理上所主張的十種分類。這是法藏教學的特色。

禪宗

當時的禪宗主要為弘忍門下神秀（西元六〇六至七〇六年）及惠能（西元六三八至七一三年），形成了一般所說的「北宗禪」及「南宗禪」兩大流派，即所謂「南頓」與「北漸」。神秀在兩京傳法，主要在貴族間傳播，得到武則天與唐中宗的支持，稱為北宗禪；惠能在華南民間傳法，稱為南宗禪。

北宗禪的神秀禪師，五十歲方出家受具足戒，師事弘忍以前已是一位精通儒釋道三家學說，並經過了六年修行之學者，故被推為弘忍門下七百人中的上座。開始說法後備受武則天尊重，授以國師之位。

神秀禪師著有《觀心論》一卷，主張只有觀心一法，為佛道之最要，傳承了道信及弘忍等坐禪觀心的思想。不過，從流傳後世、代表北宗禪思想的《大乘五方便》一卷中可見，北宗禪雖然贊同漸悟的主張，也可以明確地見到頓悟的性格。

南宗禪的六祖惠能禪師，據傳有一天，他聽到有人誦《金剛經》而當下自悟。依據後來南宗禪系的所說，弘忍禪師為了要在弟子中找出付法的人，而命門人用偈語表示各自的悟境，進而發現惠能禪師的境界較神秀禪師高，便將代表法脈傳承的袈裟授給了惠能禪師，承認他是禪宗六祖。

惠能禪師的思想主要以《六祖壇經》為考察依據。惠能禪師門下，出有青原行思（至西元七四〇年），因有其弟子石頭希遷（西元七〇〇至七九〇年）和南嶽懷讓（西元六七七至七四四年）等人的活躍，為中國禪宗帶來極大發展。

神會（西元六六八至七六〇年）住於洛陽的荷澤寺，大弘禪法。當時北宗禪的勢力很強，神會為了阻止北宗禪的流行，便對北宗禪展開了猛烈的批判，指稱北宗禪的師承是傍法門、是漸法門，主張南宗禪才是正統。此後，北宗禪漸漸趨向於末落，只剩南宗禪一枝獨秀。

淨土宗

道綽、善導是淨土宗的創立者。從他們開始，念佛法門的主要修持方式從「觀想念佛」過渡到「持名念佛」。

道綽大師（西元五六二至六四五年），南北朝末年到唐朝初年間的僧人，原是研究《涅槃經》的權威學者。西元六〇九年（隋煬帝大業五年），他到汶水玄中寺修行，了解到曇鸞的一生事跡，決心要繼承曇鸞開創的念佛法門。

道綽大師四十九歲時，深入了淨土信仰之後，專修持名念佛，每日要念七萬遍佛號。他認為，過了「正、像二時」，也就是在佛滅一千五百年後的末法時代，對於廣大百姓而言，持名念佛乃是最為適合的教法，故時常勸人念誦「阿彌陀佛」聖名，並鼓勵用麻、豆等物計數。

道綽宣講《觀無量壽經》二百餘遍，主張無論是在家或出家人都要用功念佛，為一位極其熱忱的念佛法門實踐者。

道綽弟子善導大師（西元六一三至六八一年），也從《觀無量壽經》開悟，讚歎道：「此真入佛之津要。修余行業迂僻難成，惟此法門速超生死。」進入長安後，在光明寺、慈恩寺等寺弘傳淨土，鼓勵信眾念佛求往生西方。著有《觀無量壽佛經疏》、《淨土法事讚》、《依觀經等明般舟三昧行道往生讚》等。

善導大師認為「末法眾生，神識飛揚，心粗境細，觀難成就」；因此，以持名念佛修行，比觀想念佛容易成就。

唯識（法相）宗

法相宗的創立者窺基大師（西元六三二至六八二年），長安人。西元六四八年（貞觀二十二年），奉敕成為玄奘大師的弟子，並於大慈恩寺等處追隨玄奘大師。西元六五六年（唐高宗顯慶元年），奉詔入玄奘大師譯經場，擔任筆受，譯出了大小乘三藏，並為多部經論撰述章疏。

與玄奘大師合作，以世親菩薩的《唯識三十頌》為主線，並印度論師護法之學說為主，揉合印度十大論師的詮釋，編譯出《成唯識論》十卷。這部論與《解深密經》、《瑜伽師地論》，被唯識宗視為立宗的要典。在玄奘大師的指導之下，窺基大師著《成唯識論述記》及《樞要》，對《成唯識論》予以詳細註釋，弘講於五臺山等地。

此外，窺基主要是在長安大慈恩寺弘傳玄奘的思想；撰著極多，而有「百本疏主」之稱號。其中主要的著疏有《瑜伽師地論略纂》、《對法論疏》、《百法論疏》、《因明大疏》、《金剛經論會釋》、《法華玄贊》、《彌勒上生經疏》、《無垢稱經疏》、《大乘法苑義林章》等。

唯識宗是根據阿賴耶識緣起的理論，以「萬法唯識」的教義為宗旨，否定對心外之物的分別執著，以期吾人徹悟唯識的無分別智為目的。此教法是依據六朝時代傳來中國的地論及攝論等學派所說的緣起論，加上玄奘大師自印度帶回的經論之推進而成。

唯識宗盛行於長安為中心的盛唐時代，也傳到了日本，為南都（平城京，即今奈良）的六宗之一。

律宗

佛教強調戒、定、慧三學乃為修學佛道的歷程。然而，在中國，乃先有對於漢譯佛典研究的慧學，再經由慧學而得到戒、定二學，並依其個別的專門而形成不同宗派。但在印度的佛教，則以佛制的戒律為規範僧眾的根本。

部派佛教時代，則有個別律藏的傳持，而出現有部、法藏部、化地部、大眾部、以及飲光部等部派教團。在中國社會中的佛教，在西元五世紀之初，為應教團的需求，始有《十誦律》、《四分律》、《五分律》、《僧祇律》等部派的律藏譯成了漢文，此乃中國戒律學之開始。

而漢地對各派的律藏進行研究時，絲毫不受傳統立場的限制。在六朝之際的華北地方，採用《僧祇律》；在江南地區則採用《十誦律》，也有的戒場依據《四分律》。直到北魏，五臺山法聰的法系之下，引起研究四分律藏的風潮，至今仍然主導著僧祇律學的發展。尤其經北齊鄴城大覺寺慧光律師（西元四六八至五三七年）的努力，使得《四分律》比起其他律藏更容易理解。

在唐初，則出現「南山、相部、東塔」等三部，成了四分律學上鼎足之勢。當時，恰巧是在唐朝整備中央集權的國家體制之際，中央對佛教的管理越來越嚴；加上佛教自身正需要藉由戒律的一致，來加強僧團的組織管理，使得《四分律》遍及中國佛教，確立了在戒律的地位。

出自於光統律師慧光（註一一）門下之道憚法系的日光寺法礪法師（西元五六七至六三五年），以其著作《四分律疏》及《羯磨疏》建立一家之言；因其居住於相州，因此被命名為「相部宗」。其門下有滿意法師和懷素法師；滿意法師的弟子定賓法師，著有《四分律疏飾宗義記》。法孫曇一法師，造有《四分律疏發正意記》。另外，懷素乃是「東塔」之創祖。

道宣律師（西元五九六至六六七年），江南丹徒人。早年離開長安，就光統律師的法孫智首，受具足戒，習其律學。學成後常住終南山的豐德寺；長安的西明寺落成後，被勅任為該寺上座。

他為振興律學，著有《四分律行事鈔》、《四分律羯磨疏》、《四分律戒本疏》，後人稱為律宗三大部；若加上他的著作《拾遺毘尼義鈔》及《比丘尼鈔》，則被稱為律宗五大部。

道宣律師集律宗之大成，被尊稱為「南山律師」，其建立的律學系統則為南山宗。道宣律師晚年於終南山的淨業寺設置戒壇，並著《關中創立淨業戒壇圖經》，規範漢人出家受戒的壇場和他的四分律學，直到後世，均為中國僧尼的戒場所遵循。

道宣律師的門人弟子中，人才很多，周秀、大慈、文綱、融濟等律師，以及新羅智仁，出而廣弘南山律宗，將其一派之學，普及於天下。由於文綱律師門下弘景律師及道岸律師的活躍，中唐以後的南山宗也傳播到了江南地區；接受了弘景律師之教的鑑真，更將南山的四分律宗傳到日本，在日本建立戒壇及登壇受戒的律制。

東塔宗的創祖懷素律師（西元六二四至六九七年），本為相部宗祖法礪的門下，比南山宗的道宣律師小二十九歲。懷素律師起初追隨玄奘大師學習，後因師事法礪律師，研究了《四分律》，發覺法礪律師的律疏並不完善，於是著作《四分律開宗記》；後稱法礪疏為舊疏，懷素疏為新疏。因他居於長安崇福寺的東塔，他的學派便被稱為「東塔宗」。為維護相部宗的法礪之說，定賓律師著《破迷執記》，對新疏予以破斥。

為化解南山、相部、東塔之三部對《四分律》的歧見，唐代宗於西元七七八年（大曆十三年），召集四分律宗的三派學者，合著《僉定四分律疏》十卷，企圖促成四分律宗三派的統一，終究仍未能成功，主要原因在於三派對於戒體的見解不同。（註一二）

對於鑑真所傳之南山律宗的內涵，將於下一節再詳加說明。

密宗

密宗於隋唐時期佛教八大宗派中是最晚建立的。密教之傳來，早在東晉

（西元三一七至四一九年）前期，即有龜茲國的帛尸密多羅譯出《大灌頂神咒經》，又有自西元三八一至三九五年（東晉孝武帝太元六至二十一年）的十五年間，曇無蘭譯出《時氣病經》、《咒齒經》、《咒目經》、《咒小兒經》、《請雨咒經》、《止雨咒經》、《咒水經》等許多密教經典。這些算是雜密，並非純粹的密教；然而，其卻將真言陀羅尼和密法所傳達的密教信仰，深深地滲透到了中國社會，為純粹密教奠下基礎。

到了唐玄宗時代，由於善無畏（Śubhakara-siṃha）、金剛智（Vajrabodhi）、不空（Amoghavajra）「開元三大士」來到中國，使得中國密教的教理、儀軌、曼荼羅等建立起完整的體系。此宗因帶神祕色彩，為統治階層所喜好，希望藉由密咒的法力能加被國泰民安、風調雨順；因此，當時的幾代帝王對此宗的大師都十分禮遇，形成王公貴族信仰密教的風氣。此宗傳至日本後，亦廣受統治階層喜愛。

中國律宗主要傳承與教義

鑑真不畏艱難地將戒法傳播至日本；然而，鑑真所帶去的中國戒法，在佛法中有何特殊地位、傳承與教義？

戒律在佛教的地位

佛教之解脫道的修持乃依戒、定、慧三學為基本面而展開。因為，要達解脫，須對生、滅緣起如實知；如實知之慧，唯在深定中才有辦法開展，現觀事情的變化歷程，進而才能離無明達慧解脫；戒的守持，則可讓修持者遠離會干擾定心的情緒。

在三學中戒學列在第一位，可以知道戒律在佛教的重要性。佛陀在說法四十九年中，因事制戒，並在入涅槃前更對阿難說：

汝勿見我入般涅槃，便謂正法於此永絕。何以故？我昔為諸比丘，制戒波羅提木叉，及餘所說種種妙法，此即便是汝等大師。如我在世，無有異也。阿難！我般涅槃後，諸比丘等，各依次第，大小相敬，不得呼姓，皆喚名字。互相伺察，無令眾中有犯大戒，不應求覓他細過。

由此可知，佛陀入滅後，佛陀要求徒眾須以戒為師；戒律在世，便是如同佛陀在世。戒律乃是僧團和合的重要依據；僧團能和合，出家眾很容易便能夠達成團體和諧相處、精進修行的目標，佛法才能長久流傳下去。

佛陀入滅後，僧團第一次在王舍城結集最先結集的就是律藏。這次結集，先由大迦葉尊者提問制戒因緣，優波離尊者回答誦出波羅提木叉（prātimoksa，意為別解脫，即遠離諸煩惱惑業而得解脫之戒律），五百阿羅漢尊者共同認證正確無誤，由此合誦形成了律藏。接著，再由「多聞第一」的阿難為上座，結集經藏。佛陀圓寂後滿一百年在吠舍離第二次結集，主要也是為了律藏而結集。

由此我們不難看出戒律在佛教的重要性。戒律是定、慧二學的基礎，宛如佛法建築的地基；如果地基不穩固，整個佛教就無法穩固地流傳。

律教東來

佛法傳入中國乃於漢明帝永平年間；初期並沒有戒本傳入，也沒有舉行過傳戒的法式。

中國首次的傳戒是西元二二九年（魏文帝黃初三年），曇摩迦羅尊者來到中國洛陽，看到當時中國的僧眾，只是剃除鬚髮，身穿袈裟，但是沒有修持律法，而發願弘揚律法。

二十一年之後，在西元二五〇年（魏少帝嘉平二年），翻譯出《僧祇戒本》一卷，以為受戒範本，並禮請十位梵僧為受戒大德，依曇諦三藏所譯的羯摩法進行羯摩，開創中國以十位大僧傳授戒之首例。

接續則是重要的律典的翻譯，其中《十誦律》，於西元四〇四年（姚秦弘始六年）集義學沙門六百餘人於長安中寺，弗若多羅誦出，由鳩摩羅什翻譯出五十八卷，後再由曇摩流支、卑摩羅叉接續翻譯，才將完整的六十一卷《十誦律》譯出。

西元四一〇年（弘始十二年），《四分律》由佛陀耶舍、竺佛念等分五次譯出。到了西元四一八年（東晉安帝義熙十四年），法顯從印度帶回《摩訶僧祇律》梵文本，由法顯、佛陀跋陀羅（覺賢）等譯出，共四十卷。西元四二三年（宋營陽王景平元年）佛陀什與竺道生再譯出《五分律》三十卷。也就是說佛教律典中的「五部律」，至此已有三部已有四部傳入中國。

至於「葉遺部廣律」的部分就沒有譯出，僅在西元五四三年（東魏孝靜帝定武元年）譯出戒本《解脫戒經》一卷。

南山律宗的傳承

中國律法在初傳為諸律相互弘傳，並沒有一個做為中心準則的律法；直到道宣律師，繼承智首律師的法脈，專弘《四分律》，才漸漸建立中國的律法中心。因道宣律師久居終南山，所以其所創的宗派世稱「南山律宗」（註一三）。

南山律宗的傳承應溯源於弘揚《四分律》的曇無德部在中國的傳承。元魏孝文帝時（西元四七一至四九九年），有位法聰律師，本來學習摩訶僧祇部的《摩訶僧祇律》，後轉而專研曇無德部的《四分律》，並專力弘揚《四分律》；但當時僅限於口頭傳授，並沒有建立文字書籍，直到其弟子才造疏釋文、回答問題。

傳至慧光律師才開《四分律》造疏之風。當時較為重要的有三疏：一為光統律疏四卷；二為智首廣疏二十卷；三為法礪中疏十卷。曇無德部在中國的傳承，若依餘杭元照律師（西元一〇四八至一一一六年，宋代高僧）立九祖：

一、法正尊者——即曇無德部《四分律》主。

二、法時尊者——為中國曇無德部《四分律》初祖。

三、法聰律師——中國曇無德部《四分律》初開元祖。

四、道覆律師——為中國曇無德部《四分律》作疏問答。

五、慧光律師——光統律疏四卷。

六、道雲律師——傳洪遵與道洪；洪遵傳洪淵，洪淵傳法礪（相部宗）。

七、道洪律師。

八、智首律師——作廣律二十卷。

九、道宣律師。

在這九祖中，道雲律師初傳流派。其有兩個弟子洪遵與道洪，洪遵傳洪淵，洪淵傳法礪，法礪傳道成。道成傳滿意與懷素；滿意居西塔大弘法礪律師的相部宗，懷素居東塔自立東塔律。因此，《四分律》傳承除了南山律宗外，尚有相部律與東塔律。

南山大師道宣對戒體的解釋與影響

佛教戒律可從戒法、戒體、戒行、戒相等四種意義來予以分析——

一、戒法

就是佛在世時所制成的五戒、八戒、十戒、具足戒。除了這以外沒有其他的戒法。但是，戒法的目的何在呢？目的是要使一切眾生，受戒法之後，種下三乘的聖因，以及成就佛種。

道宣律師在《四分律刪補隨機羯磨疏》中回答提問：「究竟所受的是什麼呢？」道宣律師回答說：「所受的是聖法。」為什麼道宣律師將戒法稱聖法呢？

所謂聖法，就是生善、滅惡之法，成就聖人的法，也可以說是成佛的種子、成佛的正因，這就是聖法。因為三乘聖人乃至成佛都是由此法而成的，所以稱之為聖法。

三乘聖人乃至於成佛，都是依戒為根本，依戒為基礎。當我們能夠知道所受的戒法是成就聖人之法、成佛正因，受完戒之後就會非常珍惜戒法，不會去犯戒，不會隨便把成佛之因、成佛之種放棄。

道宣律師藉由這樣的回答提醒所有受戒者，受戒得戒體，如果不運用身、口、意三業保護戒體，等於不受，甚至不如不受。為什麼不如不受呢？因為不致於因犯戒而墮入地獄。

然而，道宣律師並不是鼓勵我們不要受戒，而是鼓勵我們受了切記不要犯，要視戒法最為寶貴的。

二、戒體

指我們在戒場之中經過授受之後，在心中及思想上有了持戒的功能；有了這種功能，就在行儀上及心中生起如法持戒而不犯，停止一切惡行、行一切善的力量，相對於境界不犯的力量，這叫做戒體。

道宣律師也告訴我們，要先明白能領受戒體之心。《行事鈔》中說，能領受的戒法是心相；然而，我們的心是無形無相的、看不見的；所以，能領受的心相，需要假借所觀之境來說明。

正當受戒時，十師讓我們希法、緣境、要期誓受。「希法」是希求十師傳授的戒法能如法納受。「緣境」是受戒一白三羯磨（一度告知僧眾〔一白〕，三度問可否〔三羯磨〕）時，讓我們觀想十法界──情與無情的境界如虛空，納受成戒體。

觀想的程序是：第一番羯磨之後，十法界的善法──有情無情之善法皆從地踴出；二番羯磨時，十法界善法由心業力悉皆集升虛空，如雲如蓋，覆受者之頂；三番羯磨，十法界善法由心業力悉皆流入受者之心。上述就是說明我們納受戒體的情形。

當我們受戒時，戒師告訴我們要觀想十法界如雲在虛空中，納受善種子於心中，即是戒體。例如不殺戒，不但不可以殺人，十法界有情皆不可以殺；又如盜戒，不但不許盜人間的金銀財物，十法界的金銀財物都不可以盜。其餘諸戒亦復如是。

佛緣十法界制戒，我們戒體也以十法界而發，因為十法界、情與無情之境，都是發起戒體之法，名為戒法。在我們日常生活行為之中，對於十法界中其他法界，我們無法完全守持，甚至有時連人道的淫、殺、盜、妄都做不到，時時要能生起慚愧心。

依小乘教義，戒體是屬於色法，不說依止在心。道宣律師根據「四分律宗」

的圓教來講，戒體是心法，不是色法。所以說，戒體依止在心，是根據圓教的義理。

三、戒行

受戒以後得到戒體，隨順戒體在日常生活中，犯戒境界現起時，因為已經受戒，並且得到戒體就會生起戒行，誓言絕對不犯。

在家人受了五戒就根據五戒法學習，出家人受了比丘、比丘尼戒就根據比丘、比丘尼戒去學習。一定要學習明白以後才能行，應用在我們身口上，這就是戒行；也就是在日常生活中，時時刻刻自省我們的意業、口業、身業。戒行是在行、住、坐、臥之中都要實行，所以《四分律》說「常爾一心」，要時時刻刻檢點身、口、意三業，是否符合戒法。

四、戒相

弘一大師說戒相有二種：一為以戒行而說戒相，二為以戒法而說戒相。

（一）以戒行而說戒相：即是持戒的善良行為，如把不殺、不盜表現在行動之中。這樣的善良行為使其表現出來，就是以戒行來說戒相。

（二）以戒法而說戒相：如受五戒就根據五戒去學習，受比丘、比丘尼戒，就根據比丘、比丘尼戒去學習；如果不經由學習，就不知道怎麼去做、去行才是如法。亦即，依戒法而說戒相，就是要經由精進學習，然後應用戒法實行在身、口、意三業上。

以上四科中，以戒體最為重要。因為，人們在受戒時，在發出誓言時，內心會生起一股力量策勵內心，進而發生止惡修善的行動力量，這即是戒體，受戒的根本意義也在此。

在戒體的解釋，道宣律師在《四分律刪補隨機羯磨疏》中寫有「戒體章」，對後世律學的解釋影響很大。

這一章是關乎佛法中的七眾弟子持戒的重要。靈芝尊者(即元照律師)說,戒體是一部律藏的樞要,持戒犯戒的根本,轉凡成聖之源始,發心修行的前導。只是,從後漢至於隋朝,並未釐清戒體的義理;直至唐朝道宣律師,方窮究探研律制的幽理,而且反覆研讀古來大德之言論,在律藏文義之中斟酌其義理,才明確指出三宗符合世尊一代教源關於戒體的解釋。

道宣律師依四分律部,把戒體分三宗:第一「實法宗」,第二「假名宗」,第三「圓教宗」。

一、實法宗

實法宗主要是把佛陀所說的一切有為法、無為法,認為是實有的,以諸法實有為宗旨,故名實法宗。見解與《雜心論》、《毗曇論》、《俱舍論》等相同，律部則宗於《十誦律》。此宗的主張是「作戒體」和「無作戒體」，兩種戒體都是色法，不是心法。

「作戒體」以善色、善聲為體。如同我們正當受戒的時候身業禮拜，長跪等，都是善色，口業的請師、乞戒等為善聲。由登壇經三羯磨之後叫作戒體，作戒就以善色善聲等有表色為戒體。

「無作戒體」是無作假色，過去的假色。經由善色、善聲等有表色，身業的禮拜、長跪，受了戒之後，落在身心之中，熏成無作假色。其實，有表無表、有作無作、有假無假，意思是一樣的；因為，無作戒體就是過去所作。作戒體就是善色、善聲。無作戒體就是熏成過去假色。

簡言之，「實法宗」的宗旨，認為一切諸法都是實有，將作戒體、無作戒體統統判為實法。

二、假名宗

此宗認為一切有為法及無為法，都只有假名，無實體，所以稱假名宗。與《成實論》同一見解，論部宗於《成實論》，律部則宗於《四分律》。

在《四分律刪補隨機羯磨疏》中，道宣律師認為，由於此四分律宗的道理通於大乘，所以他主張作戒體和無作戒體是由心而生起。有別於實法宗所主張的作戒體、無作戒體都是色法。這是《四分律》與前面不同主張的地方。實法宗以色法為作戒體，假名宗以色心二法為作戒體；實法宗以過去假色為無作戒體，假名宗以非色非心為無作戒體。

為什麼假名宗以色心二法為作戒體？其中有很重要的一句話：「分心成色」。「分心成色」即是說。我們在受戒時，身、口二業乃方便造作。身、口本身不能造作，而是運用心力驅使身業去禮拜、驅使口業去乞戒等動作，來完成戒體。必須假借身口動作來表現心的力量，所以叫「分心成色」。

如約依正二報而說，外面依報是色法，身體屬於正報。身體與外面的依報都是由我們心力而成的；假使沒有心的話，身體不成其用，一切萬事萬物與我們無關。所以，依報的環境和正報的身體都是運用心力而成的，也就是唯心所造而成。

在《四分律刪繁補闕行事鈔》中，道宣律師引《成實論》來作證明，其云：「以身口業思為體，論其身口，乃是造善惡之具。」文中之「身口」就是指色；「業思」是第六識意業的思心所，即是指心。身口只是造善造惡的工具，沒有任何功能。這說明了，以身口業思為戒體，而身口兩業是一種色法，沒有受戒的功能，必須假借心的造作，以心為主；然而，心是無形無相，無法表現請師的動作，故還是要假借身口來表達我們乞戒的意思。

所以，必須以色、心二法為體，能受戒的心是正，而以身口為副；單單身口不能受戒，必須用心觀想，能領受的心以及所觀的境界，心境相應，才能成就戒體。

「假名宗」判作戒體必須要有色心二法，無作戒體不屬於心也不屬於色，非色非心。此外，靈芝尊者、弘一律師認為戒體就是「圓教宗」講的「善種子」。《四分律》不講善種子，用不同的名稱把戒體表示出來，用「非色非心」來表達無作戒體，道宣律師坦承是「強曰」；也就是說，不知無作戒體該叫什麼名字，因它非與色法相應，也非與心法相應，只好叫它「非色非心」。

道宣律祖在《業疏》上有一段文：「考其業體，本由心生；還熏本心，有能有用。」他所闡述的是，無作戒體是內心生起，既然是由心生起，則心屬於能受，戒體屬於所受；受後能還熏本心，也就是說，戒體能還熏習本來所受戒的那個心，令起善法，防非止惡。

若從生起來說，心是能生，戒體為所生；若從熏習來講，戒體為能熏，心則是所熏。心與戒體互為能所，故說還熏本心。有能有用者，指受戒後，戒體生起戒行，相對於境界能防止犯戒，這是戒體的功用。所以說，有能指戒體，有用指戒行，即防遏緣非。

三、圓教宗

也是道宣律師由《四分律》中開出的。道宣律師根據《妙法蓮華經》及《大般涅槃經》立此圓教宗。教法上是屬於小乘教，但義理方面是通於大乘教。《妙法蓮華經》開權顯實，授聲聞成佛之記，《大般涅槃經》中重新扶起戒律，廣談常住佛性，根據這兩部經的義理建立圓教宗，顯出無作戒體。其他經中沒有這種根據，唯有這兩部經有這種教義。

圓有三個意思：圓頓、圓融、圓滿；具有這三層意涵者，稱圓教宗。

（一）圓頓

前面實法宗與假名宗二宗，教義方面是屬於小乘教，圓教宗才屬於大乘教。依《妙法蓮華經》中所說，不需要等待受大乘之後才能稱名為大乘。因為，佛是為了一乘的實教，而才施設三乘的權教；也就是說，三乘小教也都是一乘實教，本為大乘而施小教，所以不須等待入大乘之後方名為大。佛施設小教就是令眾生漸漸進入大乘，因此小乘教就是大乘教。《妙法蓮華經》：「決了聲聞性，是諸經中王。」即是說明，方便施設小乘，目的都是為大乘，這是圓頓的意思。

（二）圓融

「實法宗」判戒體是色，「假名宗」判無作戒體是非色非心，色法是偏於一面，心法也是偏一面的，不能均衡戒體的義理。

「圓教宗」把實法宗之色法稱為「善種子」，假名宗之非色非心法也稱為善種子；也就是說，「圓教宗」用善種子把色法、心法圓融起來，這就是圓融的意思。其實只是一個戒體，實法宗判是色法，假名宗判非色非心法，圓教宗判的是善種子，三個其實是同一戒體，善種子把三個融合起來稱為圓融。

道宣律師將「善種子」比喻為一塊美玉；不認識的人認為是一塊石頭，有人認為不是石頭，真正認識的人知道是一塊美玉。而這塊美玉，無論被說是石頭，或者說不是石頭，都是指這一塊美玉。

(三)圓滿

一代時教根據前三教，阿含、方等、般若，到法華會上，這個時候會三權教為一實教。聲聞人可以授記成佛，一般的眾生也都可以授記成佛。由「會三歸一」的意思，我們才知道，前二宗所說的戒體都是權教的方便，所以《大般涅槃經》說：「佛所說的戒體，有人不了解，有認為是色法，有認為是非色非心法，因不了解其義，來到法華涅槃會上就了解了。色與非色之名雖然不同，與善種子之體無差別，究竟完成戒體的義理，故名圓滿。」

道宣律師藉《四分律》建立圓教宗。圓教宗所談的戒體以色、心二法為戒體，無作戒體是善種子。善種子就是在我們受戒時，身業禮拜長跪，口業請師乞戒等；一白三羯磨完後，運用我們身口方便的功能熏入第八識田中，使令成善的種子。前面提過，第一番羯磨後，十法界的善法的種子就動了起來；第二番羯磨後，十法界的善種子升於虛空；第三番羯磨法竟，十法界善種子流入受者身心成為正報，成為善種子。

作戒就是熏修我們的第八識，把種子熏入第八識田中，用善的心來熏。善指十法界、情與無情的善。種子是一種比喻，比喻種在我們八識田中，將來能發菩提芽、成菩提子、開菩提花、結菩提果；若沒有這個種子，如何能成就呢？善表示不是惡，也不是無記性，善種子就是成佛的種子，成佛的因。這是屬於圓教宗所指的無作戒體，把其他二宗之色法、非色非心法的說法全部融合起來。

四分律宗是攝於大乘教。道宣律師也有說明，《四分律》本身的教理雖是小乘教，但前後的文教都有大乘的意義；因此，根據前後的正文發揮四分律教為大乘教。義理通於大乘，言教則是屬於小乘，這是道宣律師的立場。

道宣律師云：

欲了妄情，須知妄業；故作法受，還熏妄心，於本藏識，成善種子，此戒體也。

假使有煩惱，就是惑業的開始，想要斷除我們的煩惱怎麼辦呢？我們一定要先對治身口意三業相對現前的境界不造惡，這就要持戒。

戒是對治諸業而不造，定慧對治惑令不起。假如不受戒，身口意三業生不起持戒的行為，對現前的境界就沒有辦法停止造惡。所以，「欲了妄情，須知妄業」。受了戒之後，根據十法界、情與無情境上成就戒體，然後生起相對於十法界、情與無情，不犯戒、不造惡業；惡業停止不造，沒有惡因，當然可以得解脫。

「故作法受，還熏妄心」，因佛在世制的戒法，我們依據佛的戒法受戒，受了戒以後生起戒行，受了戒以後相對境界一定要止惡作善。有句話說：「寧可受戒而破戒墮地獄，不可不受戒而生天。」意思是說，受了戒以後，成佛正因的種子已經種下，即便因破戒而墮地獄，將來仍然可以成佛；然而，不受戒則永遠沒有機會。佛陀制戒的目的即在於此，故云「戒為無上菩提本」。

「於本藏識，成善種子，此戒體也。」其中，本藏識指第八識，這句話正式指出戒體究竟是什麼。我們登壇受戒以後，第一剎那作戒體竟，第二剎那無作戒體的善種子生起；在這個時候，相對得到戒體，圓教宗判為善種子。就因我們受戒時，十師經過授受的演禮，而成就我們的戒體，就等於在我們第八識田中種下善種子。這就是我們受戒得到的戒體。

因此，受完戒之後，就在八識田中不假以任何造作地止一切惡，不假以任何造作地作一切善，不假以任何造作地度一切眾生。如果不是在八識田中有善種子，怎麼能不假以任何造作地止惡作善呢？這是道宣律師依大乘圓教的義理判無作戒體。

道宣律師雖為大乘菩薩道的行者，為了挽救當時僧伽、僧制逐漸鬆弛腐敗的危機，主張維持大小兼受戒的方式。他認為，大乘戒並沒有小乘戒那樣，有其日常瑣細的生活規定，故仍需要採用小乘律儀；同時，中國大乘佛教傳統的僧尼，深信對於有別在家菩薩眾的出家僧團來說，《四分律》還是不可推翻。

然而，為了維持其大乘行者的一貫性，他以「此四分宗，義當大乘。」戒本云：「若有為自身欲求於佛道，當尊重正戒，乃迴施眾生共成佛道。」所以其對《四分律》做了一番融小歸大的工作。

此外，他把佛陀的一代教法攝判為化教與制教。「化教」是屬理論方面，使研究教義者，能從佛陀的各部經典中，了解其中的義理而起信，再藉由信力趨入定慧。「制教」則是要使佛弟子遵守佛陀所制的戒律，能順利地證得定慧，進而達到解脫之境界。

道宣律師圓攝教義，納《四分律》歸大乘，契合佛陀制律的旨意，並且可以兼顧維持僧伽行儀之莊嚴，是中國佛教的大貢獻者。

思想體系與修行風格的建立

鑑真赴日傳戒，最主要的學思背景建立於兩京學習戒律階段，律學的大師道宣律師、法礪律師、義淨大師的著作與思想對其修學影響甚鉅。而鑑真於南方出生、成長、出家，當時南方主要宗派的天台思想，對其也有不少影響；這一部分，從其帶去日本的典籍、以及他在赴日階段曾帶領眾到天台宗祖庭禮拜智者大師，可以看出鑑真與天台宗的淵源。

受義淨為法忘軀感召

鑑真於西元七〇七年（唐中宗景龍元年）到七一二年（唐玄宗先天元年）在兩京修習戒學時，義淨大師當時是戒學大師。義淨大師赴印的學思歷程，及所著的《大唐西域求法高僧傳》（註一四）——記載唐代多位高僧不畏生命危險赴印之為法為教的奉獻事蹟，對鑑真有很大的影響。

義淨大師（西元六三五至七一三年），為中國五大佛典翻譯家之一。西元六七〇年在長安與同學相約到印度學習，同學最終並未同行。隔年西元六七一年（唐高宗咸亨二年），義淨三十七歲，在揚州結夏安居，遇到即將前往龔州（今廣西僮族自治區平南縣）上任的州官馮孝詮，於是與馮氏一起前往廣州；並得到馮氏資助，於同年十一月，義淨大師與其弟子善行法師從廣州搭乘波斯商船，從南海經由海路到往印度。

他們海行二十天後到達室利佛逝（即今日蘇門答臘），停留了六個月，義淨在此學習聲明。善行法師後來因為生病回國，義淨即獨自乘船繼續前行，於西元六七三年（唐高宗賢亨四年）二月到，達東印耽摩梨底國後停留一年，學習梵語。後在那爛陀寺留學十一年，親近過那爛陀寺寶師子等當時著名大德，研究過瑜伽、中觀、因明和《俱舍論》。

西元六八七年（武周垂拱三年），義淨回國途中再次經過室利佛逝，停留兩年多，從事譯述。他為了取得紙墨與翻譯的書寫助理等資源，曾於西元六八九年（武周垂拱五年）隨商船回到廣州，獲得貞固律師等人相助，於同年十一月返回室利佛逝，隨授隨譯，並抄補梵本。西元六九一年（武周天授二年），把自己在室利佛逝新譯的經論、及所撰寫的《大唐西域求法高僧傳》與《南海寄歸內法傳》（註一五），託回國的中國僧人大津法師帶回唐朝。

於西元六九五年（武周證聖元年），他才偕貞固、道宏離開室利佛逝回國，並帶回根本說一切有部的律藏等許多梵本佛教原典。歸抵洛陽，受到盛大歡迎，住在佛授記寺。他先參與于闐實叉難陀、大福先寺主復禮、西崇福寺主法藏等譯《華嚴經》。西元七〇〇年（武周久視元年）以後，他才自己組織譯場，自主譯事。

至西元七一一年（唐睿宗景雲二年）為止，義淨大師譯抄經典並撰述，共達六十一部、二三九卷。他所譯述者雖遍三藏，但力行專攻律部；回國後，將新的有部律藏《根本說一切有部毘奈耶》全部譯出。對於五世紀時，弗若多羅和卑摩羅叉所傳譯之舊的有部《十誦律》，義淨新譯的有部律藏，乃有部傳持發展的貴重文獻。

義淨大師除了翻譯經典外，平常便細心地把重要律儀教授徒眾，如漉囊護生、淨瓶滌穢等規矩。大師嚴守戒律，樹立典範，學僧遍及兩京，受當時僧俗眾人所稱歎。

在唐代國家的制度上，以四分律宗所制訂，公度的沙彌於成年時登戒壇、稟受具足戒，已是中國佛教界的公式戒律，可說為某種不可撼動的「規矩」。所以，義淨大師雖畢生努力於當時有部律藏的最新傳譯，也未能為唐代的佛教界帶來律學的革新。

西元七一三年（唐玄宗先天二年）正月，義淨大師於長安大薦福寺翻經院入滅，享年七十九歲。

雖然鑑真前往日本弘傳者乃以《四分律》為依據，與義淨大師所倡導的律學不同；然而，義淨大師本身冒險赴印求法的精神，以及《大唐西域求法高僧傳》所記載之僧人為求法、弘傳佛教的大無畏勇氣，深深影響著鑑真，也是鑑真可以為佛教、眾生不惜身命的學習典範。

師承之影響

鑑真生長在佛教家庭，十四歲時在揚州大雲寺依止父親的師父智滿禪師出家。從文獻資料上雖然無法知曉智滿禪師所擅長的法門為何，但就其堪稱「禪師」名號而言，在止觀修持方面定有相當的學養。

據說，鑑真在出家後六、七年間與智滿智禪師學習天台教觀。又，智滿禪師能在揚州大雲寺為鑑真的父親受戒；以大雲寺為武則天執政時期所設的官寺，在揚州地區乃居領導地位，而智滿禪師得以傳戒，在寺中的地位必為三綱（上座、寺主、維那，為寺院最高的管理階層）之一。鑑真得以跟這樣德學兼具的師父出家，為其修道奠定了穩固的基礎。

直到西元七〇五年（唐中宗神龍元年），鑑真十八歲時，跟從道岸律師受菩薩戒，西元七〇七年（唐中宗景龍元年）就隨道岸律師遊學洛陽、長安二京。道岸律師應唐中宗邀請，北上長安為皇族在內道場傳授菩薩戒；在從越州經揚州的途中，為鑑真授菩薩戒。

道岸律師非常受唐中宗尊崇；據說，唐中宗在道岸律師的請求下，以行政手段禁止僧團持《十誦律》、改持《四分律》，以至於南山律宗在唐朝盛行，並藉由鑑真傳往日本。

道岸律師的師父文綱、師兄弘景均應召來到京城，鑑真亦跟隨這些名師學習佛學知識。

還是沙彌階段的鑑真，跟隨著老師們首先駐錫東都洛陽，經過一段時間的學習，之後才到西都長安。

東都洛陽從漢朝以來，歷經魏晉南北朝，皆為佛法傳播的重鎮；加上武則天與唐中宗長期居住在洛陽執政，並強調佛教優先，當時的洛陽可說是佛教聖地。不僅玄奘法師曾經短期在大內的麗日殿、明德宮主持譯經場，還有福先寺先後有印度僧人日照法師、南印度僧人菩提流志、北印度僧人寶思維等多位譯經大師在此翻譯經典，義淨大師也曾在此翻譯經典。此外，著名的翻譯大家實叉難陀也曾在洛陽大內的大遍空寺、佛授記寺主持翻譯經典。年輕的鑑真身處洛陽，必定可以感受到不一樣的佛教風光。

隨後，鑑真來到了長安，並於西元七〇八年（唐中宗景龍二年）、二十一歲時，在西京長安的實際寺登壇受具足戒，得戒和尚為荊州南泉寺弘景律師。在受完具足戒後，有一年多的時間，從弘景和尚學習，以及在兩京遊歷，直到弘景律師於西元七〇九年（唐中宗景龍三年）告老還鄉，回到荊州南泉寺。弘景律師在律學、天台教觀、佛教義理等都有很深造詣，鑑真隨師學習期間，在這些領域必定得到相當有益的啟發。

弘景律師回鄉後，鑑真因為是道岸律師與弘景律師等兩位備受景仰之律師的高徒，經由二者的人脈關係，鑑真得以親近當時各領域最頂尖的高僧、並隨之學習；鑑真因此又得以隨南山律宗始祖道宣的弟子融濟、文綱律師學習律學。

據說，道宣與唐代藥王孫思邈有深厚的友誼，他們相互交流在醫學和佛學方面的學問。鑑真在學習佛教經典與律學時，因而有機會同時對醫藥學也作過深入研究，從老師那裡得到許多藥方。相傳，日本常用之中藥「奇效丸」，即是鑑真間接得自道宣律師的藥方而傳至日木。

律學的學習與傳承

鑑真受戒的傳承法脈乃是南山律宗；因為，授予他菩薩戒的道岸律師、以及具足戒的得戒和尚弘景律師，都是來自文綱律師的傳承；而文綱律師乃師承道宣律師的法脈。

鑑真在受戒後遊歷於長安與洛陽兩京。他首先於洛陽隨著融濟律師學習南山律宗的《四分律行事鈔》、《四分律羯磨疏》、《量處輕重儀》；之後前往長安，親近相部宗法礪律師傳承。這是因為，鑑真受具足戒的寺院實際寺，雖然傳授的戒律是《四分律》，但道場乃屬於相部宗。據說，鑑真受具足戒時，十師當中大多是相部宗滿意律師的弟子。

結束融濟律師處的學習後，鑑真接著到長安禪定寺追隨義威律師學習法礪的《四分律疏》，之後又跟西明寺的遠智律師、洛陽佛受記寺今修律師與慧策律師、以及長安觀音寺大亮律師等人學習礪疏。經過六年的學習，在西元七一三年（開元元年），鑑真於二十六歲開始登壇講授律疏，之後也回到了揚州駐錫。

從鑑真學習律學的歷程來看，其律學的修習主要是南山律宗及相部宗。然而，從鑑真帶至日本的律學著作與講述的內容來看，則涵蓋了南山宗、相部宗、東塔三家的著作。從記載來看，雖然鑑真並沒有學過東塔宗的傳承學習；然而，鑑真在長安學習階段，懷素律師才剛圓寂十年；這段時期，相部宗與東塔宗的爭論相當激烈，對學習中的鑑真，必定也產生一定程度的影響。

南山律宗從其戒體思想主張，《四分律》在形式上雖屬聲聞乘，但內容可通菩薩乘，進而融會漢傳大乘佛教；這樣的思想，也深深影響鑑真的行誼。從其弘法的軌跡可以看出，嚴守聲聞戒的鑑真，積極從事建寺、安僧、弘法及慈善等菩薩道的佛法事業，即受到南山律宗思想的影響。

【註釋】

註一：「垂拱」（西元六八五年正月至六八八年十二月）是唐睿宗李旦的年號；但實際上武則天操縱朝政，睿宗毫無實權，亦常被歸為「周」的年號。

註二：淳于髡，乃戰國時期入贅齊國的女婿，在齊國任外交官，善於辯論，常代表齊國出使各國。淳于乃複姓，「髡」乃曾受髡刑，亦即被截取頭髮。其人以博學強記著稱；齊威王在稷下招攬學者，被任為大丈夫。長期活躍於齊國的政治與學術領域，上說下教，不治而議論，曾多次諷諫齊威王推動內政改革，對齊國新興封建制度之鞏固與發展、以及振新與強盛有極大的貢獻。

著名的「不鳴則已，一鳴驚人」典故便與其相關。傳其以「國中有鳥，止王之庭，三年不飛又不鳴，不知此鳥何也？」勸諫齊威王，王答曰：「此鳥不飛則已，一飛衝天；不鳴則已，一鳴驚人。」

註三：「吳中四士」為賀知章、張旭、包融、張若虛。在初、盛唐之交，四人齊名；他們又都是江浙人氏，這一帶在古代叫「吳中」，因此得名「吳中四士」。他們主要以詩作與書法著稱。

註四：特恩度僧分為三種。一為建福田的恩度，指皇族誕辰、忌辰、皇帝即位等重大日子，以度僧來修建福田的度僧行為。二為由大德推薦的恩度，意即由有名望的大德高僧向皇帝提出請求，而得到特恩度僧的許可；玄奘大師即因如此而得以出家。三為針對個別人的恩度，如窺基「及乎應法，奉敕為奘師弟子，始住廣福寺」；華嚴宗法藏得武則天恩度出家，又在武則天安排下受戒。

註五：玄奘大師所立「五種不翻」的譯經原則，其具體意指，在將梵文譯成漢文時，遇五種情形時不進行意譯，而保留其原音。此五種狀況為「祕密故、含多義故、此無故、順古故、生善故」。意即：

一、在不可思議的佛之祕密語（如咒語），不翻；

二、多種含義的詞，不翻；

三、本地（漢地）沒有的事物，不翻；

四、沿用以前既存的翻譯方法，如「無上正等正覺」仍依東晉以來的翻譯「阿耨多羅三藐三菩提」；

五、為讓讀者對所翻譯的事物產生尊敬心而音譯，如「般若」不譯為「智慧」。

註六：五大譯經家另一說法為：鳩摩羅什、真諦、玄奘、義淨、不空。

註七：實叉難陀（西元六五二至七一〇年）梵名Śikṣānanda，又音譯為施乞叉難陀，意為學喜、喜學，為唐代譯經三藏，于闐（新疆和闐）人，以專研大小乘佛學和兼通外道論典而著名。武則天崇信佛法，以舊譯《華嚴經》不甚完備，聽聞于闐有完備之梵本《華嚴經》，遂派遣使者求訪，並聘請譯經者；實叉難陀便以此因緣，帶著《華嚴經》梵本來到京城，於證聖元年（六九五）在洛陽大遍空寺重譯《華嚴經》。

武后對此相當重視，乃親臨譯場，並為之作序，親題名品，且由南印度的菩提流志和留印回國的義淨二人同讀梵本。於聖曆二年（六九九）譯完，共計八十卷，即一般所稱的《八十華嚴經》。

久視庚子年（七〇〇），武后下詔請實叉難陀翻譯《大乘入楞伽經》，並親自為之作序。在此期間，又譯出屬於華嚴部的《入如來智德不思議經》、《如來不思議境界經》和《普賢菩薩所說經》各一卷，屬於寶積部的《文殊師利授記經》三卷，屬於大乘律部的《十善業道經》一卷，屬於祕密部的《觀世音菩薩祕密藏神咒經》等經，共有十九部、一〇七卷。

註八：唐朝是兩京制，西京長安、東都洛陽，二者並無從屬。唐前期是兩京並重，盛唐時期國都幾乎都在洛陽，唐高宗、武則天、唐中宗、唐玄宗前期四位皇帝是將洛陽定為首都。唐玄宗後期，由於運河的疏浚，長安的糧食問題得到一定程度的解決，唐玄宗才又將首都從洛陽遷到了長安。

註九：弘景大師（西元六三四至七一二年），湖北當陽人。早期隨文綱學習律學。後入玉泉寺，追隨天台智者大師修習止觀法門，並創建龍興寺。於唐中宗年中，三度受詔入朝廷為戒師，並奉召與實叉難陀重譯《大方廣佛華嚴經》。西元七〇九年（景龍三年），弘景大師告老還鄉，唐中宗在林光宮觀門道場親自為其設齋送行。大師著有《順了義論》、《攝正法論》、《佛性論》等。（參見《宋高僧傳・卷五》）

註一〇：所謂「五教」，即——

小乘教：是為小乘人而說四諦、十二因緣等法的《阿含經》等。

大乘始教：是指說明萬有皆無實體、萬法皆空的《般若經》（中觀），以及說明依緣起而有諸法存在的本體和現象之差別的《解深密經》（唯識）等。

大乘終教：是指說明萬法皆有本來不變的真如，但依外緣而現有染淨之相的《大乘起信論》（如來藏）等。

頓教：是指說明直示悟入的《維摩經》等，禪宗教法與此相當。

圓教：是指但說一乘的完全之教，即是《華嚴經》與《法華經》等，於此又分「同教一乘」與「別教一乘」；超越諸教而說無盡佛法的《華嚴經》，便是獨一無二的別教一乘之圓教。

「十宗」則是以五教開出來的內容，分別為：我法俱有宗、法有我無宗、法無去來宗、現通假實宗、俗妄真實宗、諸法但名宗、一切皆空宗、真德不空宗、相想俱絕宗、圓明具德宗；其將佛法的五教不同主張更細分十種類別。

然而，從小乘教的我法俱有宗主張我與法俱足而有實體存在，到圓教的圓明具德宗主張諸法皆互不相礙，有著重重無盡之關係，且具足一切功德，讓行者從兩宗對世間實相體悟境界的相差懸殊，認識到《華嚴經》所闡述的圓融無礙境界的殊勝之處。

註一一：北齊鄴城大覺寺慧光，地論之宗匠也；入鄴而任國統之官，故稱為「光統」。因其在律學上的成就，又被尊稱為光統慧光律師。

註一二：東塔宗和南山、相部兩宗的不同之處，最重要的是在於戒體的問題。最初四分律家解釋戒體，原有兩種主張，一種以為戒體是色法，一種以為是非色非心。法礪律師引證與《四分律》同部之《成實論》的解釋，認為戒體是非色非心之說。道宣律師曾從學於法礪門下，本來對戒體主張與法礪律師同；但後來接受了唯識思想，遂改變主張而以心法為戒體。華嚴宗、天台宗都與唯識宗有相同的戒體觀。

懷素律師在兩家之外獨樹一幟，肯定戒體是色法。他的理由是，曇無德部原出化地部，而化地部出於說一切有部。他認為《四分律》乃是有部的支部，解釋《四分律》應依說一切有部之書，方合正理。懷素律師在疏文中，對於戒體採用有部的說法，認為戒體乃無表色。

註一三：南山律宗，將制教分為實法宗（此宗以色法為戒體）、假名宗（此宗以非色非心法為戒體）、圓教宗（此宗以心法種子為戒體）三宗。南山律宗在三教、三宗裡屬唯識圓教宗。「唯識圓教」是說，觀察諸法外塵本無、唯有識心、性相圓融的教法，統攝大乘《大方廣佛華嚴經》、《楞伽經》、《妙法蓮華經》、《大般涅槃經》諸經之說。道宣認為《四分律》會通大乘，並在《四分律羯磨疏》提出五種理由證明之；其又從《四分律》通大乘的看法，更進一步建立三學圓融無礙說。

此即大小二乘各立三學，並以大乘佛教的三聚淨戒作為律學的歸宿。

註一四：《大唐西域求法高僧傳》記述了義淨大師在印度和南海所訪問之五十七位分別來自大唐、新羅、覩貨羅、康國、土蕃的禪師、法師的事蹟，並描述當地經濟、風俗及旅行路線。

註一五：《南海寄歸內法傳》，又名《大唐南海寄歸內法傳》，或簡稱《南海寄歸傳》、《寄歸傳》、《南海傳》，共四卷。本書是義淨大師至印度留學歸國途中，於南海尸利佛逝國所撰，內容主要以四十章概述其十餘年間在那爛陀寺等地所親身經歷及體驗的僧團生活，以及印度、南海諸國戒律實踐的情形。

第二章　在中國的佛教事業

巡游二京，究學三藏。後歸淮南，教授戒律；江淮之間，獨為化主。於是興建佛事，濟化群生；其事繁多，不可具載。

鑑真在受完大戒後，從西元七〇七年（唐中宗龍景元年）到西元七一三年（唐玄宗開元元年）七年期間，跟隨多位佛教義學、律學、止觀方面的大師修學，並於經律論三藏有完整學習。

在完成兩京的學習後，鑑真回到淮南地區的揚州，並在江淮之間教授戒律。鑑真從西元七一三年到西元七五三年（唐玄宗天寶十二載）到日本，共四十年的時間，講律傳戒，成為無人能比的佛教大律師。

除了講授律疏外，鑑真四十年間在中國的佛教事業還包括建寺安僧、以及許多慈善事業。而且，鑑真弘法的軌跡不僅局限在淮南地區，還因數次東渡失敗，足跡遍及中國東南方許多在當時佛法傳播並不普及的地方，也就是所謂的佛法「邊地」，對中國佛法與戒律的傳布頗有建樹。

講律．傳戒

鑑真受了具足戒後，經七年在兩京的學習，從西元七一三年開始講經。由於鑑真在兩京的學習階段紮下深厚的內學基礎，很快地在戒律的講學與傳授漸漸建立起領袖般地位。

依據《唐大和上東征傳》記載，四十六歲的鑑真已是「淮南江左淨持戒者，唯大和上獨秀無倫，道俗歸心。」成為繼道岸的弟子義威律師之後，廣受尊崇的講戒與傳戒的大師。直到西元七五三年東渡日本前，鑑真已前後講《四分律》及《四分律疏》四十遍、《四分律刪繁補闕行事鈔》七十遍、《量處輕重儀》十遍、《四分律刪補隨機羯磨疏》十遍，對律學的傳授貢獻甚巨，亦培養出不少律學人才。

前述的律疏宣講地點，於前二十年多主要在以揚州周邊淮南地區；後期十多年，則因其屢次東渡失敗，隨每次東渡團失敗後上岸的有不同落腳處與行經之處，而有不同的講述地點。

依據《唐大和上東征傳》所記載，鑑真前二十多年、近三十年講經與傳戒的地方，包括他從南方的振州回揚州的路上所經的州縣，無一處不設立戒壇及傳授戒法；換言之，大和上在回揚州的路上，遍及一切州縣設立戒壇及傳授戒法。回到揚州後講戒與傳戒的足跡，則遍及龍興寺、崇福寺、大明寺、延光寺等。

由此記載可看出，鑑真完成在兩京的修習後，就不斷地精勤講授律書與傳授戒法；因此，鑑真四十六歲時，在淮南轄區、長江左岸一帶的僧俗二眾，都一心歸依，尊推崇他為講戒、傳戒的大師。

《四分律》

鑑真在律學上所承襲的傳承乃南山律宗，所依據的根本律典為《四分律》；在中國弘法傳戒四十年間，共講述四十遍，平均一年講述一遍。

《四分律》又稱《大律》、《曇無德律》、《四分律藏》，乃印度優波崛多系（即上座部系，sthaviravāda）的曇無德部（Dharmaguptaka，即法藏部）所傳的戒律，由姚秦佛陀耶舍與竺佛念共同翻譯成漢文。主要說明僧尼別解脫戒的內容和受持的方法，共六十卷，由四部分構成——

初分為比丘二百五十條戒，共二十卷；

第二分為比丘尼三百四十八條戒和受戒、說戒、安居、自恣（上）等四犍度，共十五卷；

第三分為包括自恣（下）、皮革、衣、藥、迦絺那衣、拘睒彌、瞻波、呵責、人、覆藏、遮、破僧、滅諍、比丘尼、法等十五犍度，共十四卷；

第四分為房舍犍度、雜犍度及五百集法、七百集法、調部毘尼、毘尼增一，共十一卷。

關於《四分律》的命名，有兩種不同觀點。道宣律師認為，是因結集時分四次誦出；義淨三藏則認為，是因梵本有四篋組成。

《四分律》傳入中國後，由北魏的法聰法師弘揚開來。至唐朝道宣律師，根據中國風土民情對《四分律》進行了「由小乘入大乘」的改革，使其適應中國的國情；加上當時唐中宗又禁用南方盛行的《十誦律》，《四分律》因而弘傳獨盛。

道宣律師所創的律宗理論乃依據《四分律》，故稱「四分律宗」；又因其最後在終南山修行，又稱「南山律宗」。南山律宗十分著重毗奈耶（Vinaya，或音譯為毗尼、毗尼耶，意為「律」，即指佛教戒律）研習及戒律的守持、嚴肅佛教戒規而稱著。《四分律》也因而成為中國律宗的根本經典，亦是影響中國佛教最大的律典。

《四分律疏》

如同《四分律》，鑑真講述《四分律疏》共四十次，應是講《四分律》必定搭配著《四分律疏》來說；由此可以理解，鑑真當時宣講戒律的風格，是依照先賢所傳下來的解釋，有憑有據，並非依自己的理解去闡述；也就是說，依照傳承對佛教戒律法予以理解，再傳承給後輩。這樣的嚴謹態度，對佛法法脈的傳承是相當重要的。值得一提的是，鑑真雖然多次不斷地為後輩講解戒律，自己卻沒有相關的著作或著疏留於世間。

鑑真所講述的《四分律疏》為法礪律師所著的《中疏》（註一）。當時，關於《四分律》的疏主要有：慧光律師所著的《略疏》，共四卷；法礪律師所著的《中疏》，共十卷；以及智首律師所著的《廣疏》，共二十卷。

《四分律刪繁補闕行事鈔》

鑑真共講《四分律刪繁補闕行事鈔》七十次之多，由此可知此書的重要性。《四分律刪繁補闕行事鈔》共十二卷、共三十篇，為道宣律師的重要著作之一，簡稱《行事鈔》、《六卷鈔》、《四分律行事鈔》。道宣律師以《大乘妙法蓮華經》、《大般涅槃經》諸精義詮釋《四分律》，貫通含攝大小二乘，囊括了經、律、論三藏，遺編雜集，攢聚成宗。本書就四分廣律加以刪繁、補闕，敘述《四分律》之要義，並參考各個不同學派之律學，為千年來中國律學實踐的指南。

《行事鈔》將「戒」分成四科，即戒法、戒體、戒行、戒相，其中以戒體最為重要，為戒律的根本，「戒體論」亦成為律宗的主要義理中心，對後世僧行風儀之確立影響甚大，為四分律宗之主要依據之一。又將十二卷分上、中、下三卷，如序所云：「上卷則攝於眾務，成用有儀；中卷則遵於戒體，持犯立懺；下卷則隨機要行，託事而起。」

《行事鈔》與《四分律含注戒本疏》、《四分律刪補隨機羯磨疏》合稱四分律宗三大部，又稱南山三大部（註二）。

《量處輕重儀》

鑑真共講《量處輕重儀》十次。本書乃道宣律師撰述，為亡僧的遺物處理方式。其主要精神在於，出家僧人的財務乃來自十方，所以在亡故後，其所有的物品要歸回僧團的出家眾所用，分配的原則則依重物、輕物來分配。而接受分配物品的僧人又可依「常住僧」與「現前僧」而有不同。也就是在「利和同均」的最高原則下，依照東西的性質，以及與亡僧的關係，而決定分配的方式。這乃是要維持僧團和合必須有的軌則。本書共上、下兩卷。

《四分律刪補隨機羯磨疏》

鑑真共講《四分律刪補隨機羯磨疏》十次。本書亦為道宣律師所撰述，依文解譯不難明白，本疏主要內容是解釋《四分律刪補隨機羯磨》(註三)。撰述於西元六四八年（唐太宗貞觀二十二年）。本疏共有八卷，又稱《四分律羯磨疏》、《四分羯磨疏》、《四分律業疏》，簡稱《業疏》，為南山律宗的重要典籍，被列為為南山三大部之一。

要完成前述重要典籍的多次宣講，雖然所講的都是依照古大德留下的傳承；然而，要勝任這樣的工作，並非照本宣科即可。鑑真本身不僅在經律論三藏要能通曉，才能沒有偏差地將祖師大德的智慧傳達；更要具備戒定慧三學的修持，持戒嚴謹，展現行住坐臥四威儀，能辯才無礙、旁徵博引地善說，並受人景仰，才能被邀請在各道場、戒場講戒及傳戒。

建寺．安僧

嚴守聲聞戒的鑑真，遵循的乃南山律宗的傳承；此傳承所依循之《四分律》，在形式上雖屬聲聞乘，而內容可通菩薩乘。這樣的思想也深深影響鑑真的行誼；從其弘法的軌跡可以看出，以菩薩道的精神在弘法，因此也做了不少佛教的慈善事業。鑑真積極地從事建寺、安僧、弘法及慈善等菩薩道的佛法事業，即是菩薩乘行者的典範。

鑑真在東渡日本之前做了很多建寺安僧的工作。就分期而言，可分為兩個不同階段：第一個階段是學成後到開始東渡計畫之前的二十多年間；第二階段則是東渡計畫開始直到抵日成功的十二年間。

第一階段——

此階段是指，鑑真從學成回到淮南地區、到開始準備東渡之前的階段。在此階段，鑑真除了積極講授課程、不間斷地講戒與傳戒外，建寺安僧也是大和上積極進行的事務。依據《唐大和上東征傳》記載，鑑真在此階段所做的建寺安僧工作如下：

> 造立寺舍，供養十方眾僧，造佛菩薩像其數無量。縫納袈裟千領，布袈裟二千餘領，送五臺山僧。設無遮大會，啟敬田而供養三寶。

鑑真在完成自己內學之修習後，不斷地進行講戒、傳戒，最主要是為了培育僧才；因為，佛教是否流傳住世，最主要看是否有佛教僧團以及持戒的僧人。所以，在教學之餘，鑑真建造許多佛寺與佛像，且建寺安僧，提供僧眾修行的住所，乃至於對僧人的四事供養（註四），這些皆是大乘佛教的重要修行法門。如《大乘大集地藏十輪經》（註五）所云：

佛言：「善男子！如是如是，如汝所說。又善男子！假使有人，出現世間具大威力，為四方僧營建寺宇，寬廣量等十四大洲，上妙房舍、床敷、衣服、飲食、醫藥，資緣充備，令諸如來、聲聞、菩薩、大弟子眾，止住其中，精進修行種種善品，若晝、若夜無有懈息；經百千俱胝那庾多歲，供給、供養、相續不絕。此人福聚寧為多不？」地藏菩薩摩訶薩言：「甚多。世尊！甚多。大德！此人福聚，無量、無邊、不可稱計，算數、譬喻所不能及；唯佛能知，餘無知者！」

從《大乘大集地藏十輪經》所述之關於建寺安僧的菩薩修行內容來看，鑑真廣造建寺、供養十方僧眾、造佛像、大量地製作及供養袈裟給五臺山的僧眾，以及舉辦無遮大會（註六）、尊敬供養三寶等事務，皆佛經上所闡明、菩薩道修行者所須實踐的項目。

另一方面，從能力來談，則可分為財力與執行力兩部分。上述的菩薩行，由於是菩薩道經典教導修行者應該如此去做；因此，佛教傳播的所到之處，若是受到當時的統治者所支持，統治階層便會帶頭從事佛法的布施行為，廣種福田：在供養三寶的部分，就是啟「敬田」——因為供養三寶可以使佛法住世並且廣為流傳；另外，為落實佛教的慈悲的精神而救濟苦難百姓，則屬開「悲田」。

舉例言之，佛法在印度弘傳時，就有阿育王落實這些修行項目，佛法因而傳播到各地。佛法傳入中國後，致力於推動菩薩行的統治者，較廣為人知的則有梁武帝、女皇帝武則天等；佛法也因為朝廷的支持，在漢地得以發揚光大。

像這般啟敬田及開悲田的布施事業，不僅是政府做，寺院也隨分、隨力做。在唐朝，由於朝廷支持，給與寺院寺產與田地，寺院的經濟可以自給自足；不像在印度，出家人得靠托缽乞食。也因此，僧人有能力藉由建寺、供養三寶、傳戒來修持菩薩道的布施福業。又因鑑真當時已是「江淮之間獨為化主」，所以可以帶領僧團積極從事這些入世的菩薩事業。

除了在財力方面可進行做上述的道業外，鑑真也具備執行的能力。佛教在印度流傳時即認為，一個合格的出家人要學習「五明」；在《瑜伽師地論．卷三八》即提到，五明是「一切菩薩正所應求」，指的是聲明、內明、因明、工巧明、醫方明。前三個跟佛法的修習較為相關，工巧明與醫方明則是與世間生活較有關；工巧明與藝術、建築相關，建寺、造佛像即需要這種專業能力。

據說，鑑真在兩京學習階段，曾經跟隨道岸律師在長安建福寺建造小雁塔；在小雁塔建造期間，鑑真得以藉由觀察學習到如何進行佛教寺院的設計、建造施工、裝修等經驗，所以有能力推動建寺、造佛像等讓佛法住世弘傳的事業。

一樣的經驗與能力，不僅用在淮南地區，鑑真還將之用於中國其他所在的佛法邊地，甚至是日後到日本的佛教建設，都充分地運用到鑑真這方面的長才。

值得一提的是，鑑真也具備醫方明。醫方明是醫藥方面的相關能力；修行者具備這樣的知識，除了可以幫助自己強身健體，還可以醫療眾生身體上的病苦，拯救其身心。鑑真東渡，也將中國傳統醫療傳到了日本。

第二階段——在赴日過程中，鑑真曾因發生海難而流落較偏遠的地方；在回揚州的路途上，隨緣做很多建寺安僧的工作。這段歷程，更展現出其建寺安僧的能力、以及菩薩乘修行法門。

此事指的是東渡團第五次東渡計畫，遭遇海難，最後到達海南島南端。鑑真此階段在南方各地建寺安僧的主要地方，包括振州（今海南省三亞市和保亭、樂東二縣部分地區）的大雲寺與崖州（今海南省海口、文昌、瓊海、瓊山、定安、澄邁等地）的佛寺。當鑑真到振州大雲寺時，寺中佛殿毀壞；鑑真一行人變賣衣物，傾全力協助修復佛殿，歷經一年才完工。

離開振州後接著來到崖州，恰巧遇到崖州地區火災，有寺院被燒毀；當地的遊奕使（軍事長官）張雲，委託鑑真帶領當地工人重修遭火燒壞的寺廟。當時還受到在振州的馮崇債別駕（州刺史佐官）協助，請人迅速將建寺用的木頭與材料運送到崖州，讓工程可順利進行。鑑真一行人不僅幫忙建好崖州佛寺的佛殿、講堂、磚塔，還運用剩下的木材造了釋迦文佛的丈六佛像。

抄經·育僧

鑑真東渡之前對佛法的弘傳不餘遺力。他為使三寶能長久住世，令佛法廣為流傳，進行了兩項重要的扎根工作：一是大量抄寫經典，二是培養僧才。

抄寫經典

依據《唐大和上東征傳》記載，鑑真抄寫經典：「寫一切經三部，各一萬一千卷。」

鑑真所處的年代，經典仍需靠抄寫流傳。抄經對修行者而言，是一修行法門，可以讓心沉靜，也可藉由此讓經典得以流傳，功德十分殊勝。如《妙法蓮華經．法師品》所云：

> 若善男子、善女人，於《法華經》乃至一句，受持、讀誦、解說、書寫，種種供養經卷：華、香、瓔珞、末香、塗香、燒香、繒蓋、幢幡、衣服、伎樂，合掌恭敬；是人，一切世間所應瞻奉，應以如來供養而供養之。

修行人對於經論等「法寶」的修持方式，即「受持、讀誦、解說、書寫」，意即常閱讀及思維，依經典所教授的內容修持，並藉由解說與書寫經典讓佛法得以傳播。

鑑真所抄的「一切經」三部，一部各一萬一千卷，依卷數來看，應是當時流傳的經典；普抄三遍，如此就使經典多三份可以流傳。由此亦可窺見當時佛教經籍獲取之不易。

培養僧才

鑑真不僅努力地讓法寶流傳，也努力培養僧才。大和上透過不斷地傳戒、講戒及講說經典，培養許多僧才。依據《唐大和上東征傳》記載，鑑真透過傳戒、講戒的方式度了四萬多人；所以，鑑真三十六歲時在淮南地區就備受景仰，持戒修行者，不論在家或出家，都跟著他學習，當時被尊稱為「授戒大師」，可說是桃李滿天下。

鑑真培養出許多優秀的弟子。弟子中較為超群拔萃、堪為人天師範者，包括揚州崇福寺僧祥彥、潤州天響寺僧道金、西京安國寺僧璿光、潤州栖霞寺僧希瑜、揚州白塔寺僧法進、潤州栖霞寺僧乾印、沛州相國寺僧神邕、潤州三昧寺僧法藏、江州大林寺僧志恩、洛州福先寺僧靈佑、揚州既濟寺僧明烈、西京安國寺僧明債、越州道樹寺僧璿真、揚州興雲寺僧惠琮、天台山國清寺僧法雲等三十五人。在當時佛教界都是住持一方，居於領導地位，進行弘法利生、教導度化眾生。

佛教慈善事業的開展

佛教的慈善事業，即是佛教的布施行，是菩薩道的六度之一，也就是菩薩道修行的方式與度化眾生的方法。

依據《唐大和上東征傳》記載，在布施的部分，鑑真除了前面已經提到的供僧外，還「開悲田以救濟貧病」。由於「布施」乃佛教中被認為是易於修福報的實踐法門，所以也是頗受重視的宗教社會活動之一。

《增一阿含經．三寶品》中，佛陀將布施、平等及思維——亦即布施、守戒、七覺支——列為人天三福業（註七）。

《中阿含經．王相應品．說本經第二（第二小土城誦）》則敘述，尊者阿那律陀自言，宿世於波羅奈國飢饉之時，曾布施辟支佛一缽食，因而得受生天、為大王、出家學道及具修行的資糧等入世間、出世間及生天大福報。

另外，於《中阿含經．七法品．世間福經第七》中，佛陀亦告知尊者摩訶周那，在家信眾布施比丘房舍、臥具、新衣、粥及親自供養，可得世間福報。

布施可得未來或來世福報的觀念，如前所述，乃是基於錢財等身外之物，無法帶往來世使用；若將錢財布施給他人，所獲得之福報則可隨至來世，亦即藉由將財物轉換成福報，帶至來世；並依布施者的願，在未解脫之前，能得富貴之身，免於墮入三惡道受苦，也才有能機會趨向涅槃之道。

發菩提心之菩薩，乃是基於大悲心來面對一切有情，發願為有情的依怙、避風港及救護之處，及願使貧困孤獨的有情免於外在的威脅，消解其所生起的恐懼與害怕。

除此之外，菩薩摩訶薩還教導有情無量無邊的世間、出世間法，引領有情不墮三塗苦、或是解脫生死流轉乃至成就無上正等正覺。因此，菩薩對有情而言，已是大施主，所以不用如一般世間人僅以金錢或實質的物品回報施主的布施。具大悲心的菩薩，隨時隨地都以有情的立場為考量，希望藉由物質生活（財施）、道業修持（法施）或是精神層面（無畏施）等三方面幫助有情。

佛教的菩薩道修行，主張菩薩行者要發「上弘下化，饒益眾生」的菩提願，要能做到大慈悲心、方便善巧、以及三輪體空的般若智慧。因此，「人溺己溺」、「不忍眾生苦」的菩薩行，非常重視公益福利，舉凡布施醫藥、鑿井、造橋、鋪路、濟貧、施棺、供糧等，無不本著佛陀示教利喜的精神，引領眾生共同參與，一起推動社會互助慈悲的社會風氣；修行者也藉由社會慈善工作的進行，完成自己重要的修行法目。

走出揚州——佛教邊地弘法

鑑真從兩京完成學習後，主要的弘法地區為揚州所在的淮南地區；他在淮南地區弘法三十年，聲名遠播。

兩位日本留學僧人榮叡及普照，來中國十多年，因身負聖武天皇邀請傳戒大師赴日的使命，到揚州要請鑑真赴日傳戒弘法。鑑真答應日本僧人的邀約至日本弘法；他認為，到佛法「邊地」（註八）弘法有其必要性，希望能將佛法弘傳到更多未及之處，讓更多人接受佛法的薰陶，讓更多人能得到法益。

然而，由於赴日弘法計畫多次失敗，也促成了鑑真在中國邊地（註九）的弘法因緣。

六次赴日計畫中，第三次與第五次的計畫失敗時，因為有出海與海難的發生，這兩次的落海獲救處，一次在東南沿海，一次在南海；從這些地方返回揚州的路上，便會經過許多佛法不興盛、甚至佛法不為一般百姓所知的地方。

鑑真每次遇到有人邀請，只要因緣具足，都會把握每個將佛法傳播出去的機會，可說將菩薩行隨緣度化有緣眾生的精神發揮得淋漓盡致。

第三次赴日計畫失敗落難後的弘法經歷

西元七四四年（天寶三載），歷經第三次東渡失敗後，鑑真落海獲救，暫時被官府安置到阿育王寺。鑑真在駐錫阿育王寺這段時間，明州（今浙江寧波）附近的寺院紛紛邀請他前往講說律學與傳戒。

首先，是越州（今浙江紹興）龍興寺的邀請。鑑真當時雖是處於落難並暫居阿育王寺的狀態，其弘法度眾的心確沒有因處境不佳而稍減，因此欣然答應龍興寺的邀約，也展開了鑑真走出揚州、到佛教邊地弘法的序曲。鑑真必定未曾料到，他的「邊地弘法」，不是從日本開始，而是中國的越州。

在完成越州龍興寺的講學後，杭州、湖州與宣州也接連有寺院前來邀鑑真前往弘法。鑑真十分歡喜與後學結緣，所以依序前往傳授戒學，並在功德圓滿後又回到明州阿育王寺。

鑑真在這段時間裡雖然忙於至各道場間弘法；但是，到日本傳戒的計畫仍低調地進行著。不過，卻仍功敗垂成……

第五次赴日計畫失敗落難後的弘法經歷

鑑真第五次赴日，於西元七四八年（天寶七載）夏天，從揚州出發。為等待順風的日子，分別在三塔山與署風山等地停等一個多月，又從東海到南海的海上漂流了半個多月，其間經歷許多險難，最後還是失敗。

弘法團漂到中國國土的最南方——海南島，離日本更遠了。而從海南島回到揚州的路程中，鑑真又不斷地隨緣弘法度眾。

一、海南弘法

弘法團的船隻抵達海南島的振州江口，郡縣別駕馮崇債當鑑真一行人抵達振州城內，親自前往迎接並在太守廳中設戒會，恭請鑑真為大眾授戒。

在海南島，鑑真除了在振州弘法外，還有在海南島的崖州弘法。他在崖州先協助重建火災後的佛寺，並在寺院重建落成的同時，登壇授戒、講解戒律，度化不少當地民眾。

離開海南島後，沿著河流，經現今的雷州半島繞廣西、廣東、江西，朝揚州逐漸北返。在到達始安郡（約今廣西桂林），都督馮古璞親自迎接鑑真入住開元寺，並請鑑真為他還有所屬各州官員，以及參加科舉考試的學人受菩薩戒。

由於當地官民如此地好樂佛法，鑑真在始安郡弘法達一年之久。

二、廣州弘法

西元七五一年（天寶十載）春天，當時的南海郡（約今廣東、海南及廣西東南）大都督、五府經略、採訪大使、攝御史中丞、廣州太守盧奐，禮請鑑真到廣州府弘法。

弘法團的船舶，沿桂江下駛；至端州（位於今廣東）龍興寺時，日僧榮叡不幸因病去世。鑑真除了親自看榮叡入殮，並重申率領弘法團赴日傳戒的決心絕對不會改變。眾人在端州小住，即由瑞州太守親自送鑑真前往廣州。

弘法團一行人到達廣州，在眾僧安頓好後，都督又代當地的佛教徒向鑑真請法，請大和上開設戒壇，讓僧俗二眾皆能受清淨戒法。

弘法團在廣州停留一個春天後，便向韶州（包括今廣東韶關數地）出發。在韶州，日僧普照法師決定離開弘法團；因為，普照法師認為鑑真前往日本的可能性已越來越低。日僧榮叡入滅、普照離開，令鑑真十分傷心與煎熬；加以南方氣候炎熱，引發眼疾，最後竟雙目失明（註一〇）。

然而，這般重大的打擊並沒有退轉鑑真東渡弘法的決心。鑑真在眼睛失明後，仍持續巡禮遊化十方。期間，鑑真遊歷至靈鷲寺、廉果寺，並於此二寺登壇授戒。

三、江西弘法

弘法團過大庾嶺而至江西虔州開元寺，僕射（尚書省長官，相當於宰相）鍾紹宗在此請鑑真到他家中立壇傳授戒法。接著，弘法團前往吉州（於今江西），最支持鑑真東渡的弟子祥彥法師在往吉州的路程中往生。當時，鑑真只能收拾悲傷的情緒；因為，弘法的任務無法間斷。而沿途的各州官吏僧俗二眾，聽說鑑真從大庾嶺南回到嶺北，奔相走告；鑑真所到之處，前來供養求法的人擠得水洩不通。

最後，弘法團一行人到江州（約今江西九江市）時，江州太守、州縣官人及百姓一起供養弘法團的僧眾。鑑真在江州停留三日，對當地僧俗大眾開示佛法。

第五次東渡計畫，從出海到鑑真再度回到龍興寺，經過三年多的時間。看似一切又回到原點；然而，在歸途過程中，鑑真所到之處皆弘揚佛法、廣設戒壇。雖然沒有東渡成功，卻也將佛法成功地傳至邊地。鑑真在中國南方弘法的詳細過程，可參閱第三章的敘述。

【註釋】

註一：法礪法師所著的《中疏》十卷目錄如下——

卷第一本，自開發經題至發戒緣竟

卷第一末，自辯受體至正請竟

卷第二本，自正宗分初至比丘四波羅夷法總釋第十持犯對治

（波羅夷：梵語 pārājika，為比丘、比丘尼所受持之具足戒之一，乃戒律中之根本極惡戒）

卷第二末，釋四波羅夷法別解中婬盜二戒

卷第三本，自四波羅夷法中殺戒至十三僧殘法第八戒緣

卷第三末，自十三僧殘法之餘至二不定法

卷第四本，自三十尼薩耆法初戒至第四戒

卷第四末，自三十尼薩耆法第五戒至竟

卷第五本，自九十單波逸提法初戒至第二十六戒

卷第五末，自九十單波逸提法第二十七戒至第五十八戒

（尼薩耆〔naiḥsargika〕意為「盡捨」，波逸提〔prāyaścittika〕意為「墮」。此罪聚乃關於衣鉢等之財物，故以其所犯之財物，捨於眾中而懺悔之，謂之盡捨；若不懺悔，則結墮獄之罪，故曰墮。）

卷第六本，自九十單波逸提法之餘至第二分律比丘尼十七僧殘法第七戒

卷第六末，自比丘尼十七僧殘法第八至一百七十八單波逸提法

卷第七本，釋受戒揵度（梵語 Khandhaka，指佛教戒律的分類匯編）第一

卷第七末，自受戒揵度第一之餘至說戒揵度第二

卷第八本，自安居揵度第三至第三分律衣揵度第六

卷第八末，自藥揵度第七至瞻波揵度（有關僧團活動合法或非法的規

定）第十

卷第九本，自呵嘖揵度第十一至遮揵度第十四

卷第九末，自破僧揵度第十五至滅諍揵度第十六

卷第十本，自尼揵度第十七至第四分律毗尼增一

卷第十末，自毗尼增一之餘至竟

註二：南山三大部加上《四分律拾毗尼義鈔》、《四分比丘尼鈔》，則為南山五大部，皆為道宣律師的重要著作。

《四分律刪繁補闕行事鈔》目次如下——

標宗顯德篇第一　集僧通局篇第二　足數眾相篇第三（別眾法附）

受欲是非篇第四　通辨羯磨篇第五　結界方法篇第六

僧網大綱篇第七　受戒緣集篇第八（捨戒六念法附）　師資相

攝篇第九　說戒正儀篇第十　安居策修篇第十一（受日法附）

自恣宗要篇第十二（迦絺那衣法附）

篇聚名報篇第十三　隨戒釋相篇第十四　持犯方軌篇第十五

懺六聚法篇第十六　二衣總別篇第十七　四藥受淨篇第十八

鉢器制聽篇第十九（房舍五行調度眾具法附）　對施興治篇第二十

頭陀行儀篇第二十一　僧像致敬篇第二十二（造立像寺法附）

計請設則篇第二十三　導俗化方篇第二十四

主客相待篇第二十五（四儀法附）　瞻病送終篇第二十六

諸雜要行篇第二十七（謂出世正業比丘所依法）

沙彌別法篇第二十八　尼眾別行篇第二十九　諸部別行篇第三十

註三：《四分律刪補隨機羯磨》共有二卷，為道宣律師所匯集，西元六三五年（貞觀八年）完成，又稱《四分刪補隨機羯磨》、《四分律羯磨》、《曇無德部四分律刪補隨機羯磨》、《曇無德隨機羯磨》。內容主要採自《四分律》中犍度關於作持的部分，再依諸部律刪補而成。

隨機羯磨，根據民國妙因法師所著之《隨機羯磨淺釋》，隨機是存現行，而要用的，當時所不行的，便不列入。「羯磨」（karma）意為「作業」，因在作羯磨法的時候，口裏誦說詞句，身體合乎律儀，意地沒有異想，這三業清淨，專注的構造，而成就了法事，所以把這法事叫作業。《四分律刪補隨機羯磨疏》乃是收在《四分律刪補隨機羯磨疏濟緣記》（《卍續藏》第四十一冊），其原因為，此書雖然是南山律宗重要的典籍，但在宋朝以後失傳；宋元照法師在《四分律刪補隨機羯磨疏濟緣記》中保留《四分律刪補隨機羯磨疏》八卷的內容，而《四分律刪補隨機羯磨疏濟緣記》則是《四分律刪補隨機羯磨疏》的注疏之一。

註四：「四事供養」乃是供養僧人飲食、衣服、臥具、醫藥等四項生活所需，使僧人的色身獲得基本安頓，而能專心求法修行。

註五：《大乘大集地藏十輪經》，簡稱《地藏十輪經》（梵文 Daśacakra Kṣitigarbha Sūtra），為大乘佛教經典，屬於「地藏菩薩三經」之一。地藏菩薩三經分別是《大乘大集地藏十輪經》、《地藏菩薩本願經》、與《占察善惡業報經》；這三部經當中，以《大乘大集地藏十輪經》的篇幅最長，涵蓋的內容也較廣。經末隨附的序言指出：「十輪經者，則此土末法之教也。」

註六：無遮，梵語般闍于瑟（pañcavārṣika），乃指兼容並蓄而無阻止、無所遮擋、無所妨礙。無遮大會即是佛教所舉行之廣結善緣、不設條件、不分貴賤、僧俗一律平等供養的大齋會。

註七：《增壹阿含經．卷十二．三寶品二十一》：

爾時，世尊告諸比丘：「有此三福之業。云何為三？施為福業，平等為福業，思惟為福業。

「彼云何名施為福業？若有一人，開心布施沙門、婆羅門、極貧窮者、孤獨者、無所趣向者，須食與食，須漿給漿，衣被、飯食、床臥之具、病瘦醫藥、香花、宿止，隨身所便，無所愛惜，此名曰施福之業。

「云何名平等為福業？若有一人不殺、不盜，恒知慚愧，不興惡想。亦不盜竊，好惠施人，無貪悋心，語言和雅，不傷人心。亦不他淫，自修梵行，己色自足。亦不妄語，恒念至誠，不欺誑言，世人所敬，無有增損。亦不飲酒，恒知避亂。復以慈心遍滿一方，二方、三方、四方亦爾，八方、上下遍滿其中，無量無限，不可限，不可稱計。以此慈心普覆一切，令得安隱。復以悲、喜、護心，普滿一方，二方、三方、四方亦爾，八方、上下悉滿其中，無量無限，不可稱計。以此悲、喜、護心悉滿其中，是謂名為平等為福之業。

「彼法云何名思惟為福業？於是，比丘！修行念覺意，依無欲、依無觀、依滅盡、依出要。修法覺意，修念覺意，修猗覺意，修定覺意，修護覺意，依無欲、依無觀、依滅盡、依出耍。是謂名為思惟為福業。

「如是。比丘！有此三福之業。」

註八：佛教認為，欲修學佛道，需離八無暇，具十圓滿。

「八無暇」就是指八種不利的因素：一、受生為地獄眾生；二、生為惡鬼；三、生為畜生；四、生為天人；五、生而為人，卻沒有佛法住世；六、生於邊地；七、瘖啞愚癡；八、充滿邪見。

十圓滿中，個人條件有五項：一、獲得殊勝的人身；二、眼耳鼻等五官功能具足；三、沒有造作殺父殺母的五無間罪；四、對佛法能夠信受奉持；五、生在有佛法的地方。屬於環境條件的也有五項：一、有佛出世；二、佛曾說法；三、佛法住世未滅；四、有住持正法的僧伽；五、具備學法的順緣，衣食無缺，災障不侵等。

福德因緣不具足，而生於「邊地」——無法聽聞及修學佛法之地區，即屬八無暇之一。

註九：能生於四眾弟子所遊之地的「中國」，則能聽聞修學佛法，為十圓滿之一。然而，此處所謂的「中國」並非指漢地，而是指梵語 madhya-desa，又稱中天竺之處，位於恆河流域中，以摩揭陀、憍薩羅為中心的區域，乃釋迦牟尼佛出世及弘法之地，為古印度佛教文化圈的中心。中國之外，便稱為邊地。本章所說「邊地」，則是借以指稱佛法未弘傳之地、無法聽聞與修學佛法之地。

註一〇：由於鑑真日後至日本弘法十年，若雙眼真的失明，則很難做到持續弘法，何況是到陌生的國度弘法。以現代醫學的角度來看，鑑真當時所罹患的眼疾，可能與年紀大所產生的白內障或青光眼有關；視力的狀況應是變得相當模糊，但不致完全看不見。

第三章　赴日的艱辛歷程

為是法事也，何惜身命？諸人不去，我即去耳。

西元七四二年（唐玄宗天寶元年），鑑真五十五歲。已隨第九次遣唐使到中國十年的兩位日僧榮叡、普照，至揚州大明寺禮請德高望重的鑑真「東遊興化」——東渡傳戒。

鑑真當時詢問徒眾有誰願意去？眾僧默然，弟子祥彥倒是表示反對，他認為：

彼國太遠，性命難存；滄海淼漫，百無一至。人身難得，中國難生；進修未備，道果未剋。

鑑真見眾僧沒有人發心前往，便表示，如果沒有人要去，他就自己去。此時，弟子們才紛紛表示願意跟隨前往。

由此我們不難看出鑑真為法忘軀的精神。也由於有這樣精神支撐著，赴日傳法的計畫，雖歷經十一年、五次東渡計畫失敗，直到第六次才如願到達日本，過程中極為艱辛，鑑真不曾改變其願心。

前五次東渡不是被官方阻礙，就是在海中遇颶風、因船毀而折返。其中最艱難的是天寶七載的第五次，乘船漂流到海南島南端，鑑真在返回揚州的路途中，由廣西、廣東、江西一路向北傳戒、弘法。在這般旅途勞頓的狀況下，日僧榮叡在梧州往生、日僧普照離去，和尚的弟子祥彥也病死在吉州的船上；在韶州的鑑真，因患眼疾，而被誤醫成雙目失明。雖然面對這一連串打擊，他赴日傳法的決心仍未動搖。

幸而，在天寶十二載，第六次的計畫，隨著日本遣唐使返航日本偷渡出境，經過三十四天海程，終於十二月二十日到達日本。

日僧禮請鑑真「東遊興化」

鑑真赴日是受到日本僧人榮叡、普照的邀請。兩位日僧是隨著第九次遣唐使丹墀真人廣成於日本天平五年、也就是唐玄宗開元二十一年（西元七三三年）來到中國。

這一年，鑑真四十六歲。經過二十年的弘傳戒法，他已經成為淮南地區無人能比之持戒嚴謹、精通律學的佛教大律師，也因而被稱為「天下授戒大師」。

在那時期，日本無傳戒的人；國家雖然以發放的度牒來管控佛教的僧尼，但僧尼因為沒有戒法的約束與指引，綱紀與品質難以維持。為提升僧尼的質素，日本國除派遣僧人到中國學習戒律外，也迫切地想請中國的傳戒大師到日本傳戒。

因此，奉派來中國的留學僧榮叡、普照，除了學習戒法以外，同時負有代表聖武天皇邀請傳戒大師赴日的使命。

榮叡、普照在中國學習十年戒法，深知鑑真在戒法上的地位；於是，在學成歸國之際，親赴揚州大明寺，邀請和尚赴日弘傳戒法。

依《唐大和上東征傳》記載，榮叡、普照、玄朗、玄法等日僧，於西元七四二年（唐天寶元年；日本天平十四年）冬十月到達大明寺，當時鑑真正在大明寺為眾僧講律法。

榮叡等人按照佛教的禮儀向鑑真頂禮，並向鑑真說明：佛法雖然已經早已東傳到日本，卻一直沒有合適的傳戒師父，和正式的授戒儀式；所以，日本僧尼的生活一直難以如法、如律，這個現象造成日本佛教無法正常發展，也因此無法真正的興隆。從前，日本國聖德太子曾經預言，兩百年後佛教將會在日本大為興盛，現今差不多就是聖德太子預言的兩百年後。藉此因緣，希望能請鑑真東渡傳戒，紹隆佛法。

其實，鑑真對日本佛教的理解並非從榮叡等人的說明開始。鑑真所居住的揚州，當時有四次的遣唐使到達，每次有五、六百人；這些人中只有少數人能到達長安，大部分的人都滯留在揚州。他們不但在揚州學習唐朝的先進文化，同時也將日本當時的社會人文介紹至揚州。在這樣的背景之下，鑑真對日本佛教的狀況已有相當程度的理解。

所以，在《唐大和上東征傳》中記載，鑑真在受到榮叡等僧人的邀請時，作出如下的回應：

昔聞南岳思禪師遷化之後，託生倭國王子，興隆佛法，濟度眾生。又聞，日本國長屋王崇敬佛法，造千袈裟棄施此國大德眾僧，其袈裟緣上繡著四句曰：「山川異域，風月同天；寄諸佛子，共結來緣。」以此思量，誠是佛法興隆有緣之國也。

鑑真對日僧說，他曾聽聞，南岳慧思禪師（註一）在圓寂後投胎為日本國的王子；並藉由王子的身分，在日本興隆佛法，使日本的眾生能獲得度化的因緣。另外，又曾聽聞日本長屋國王十分崇拜尊敬佛法，並且製作了上千件繡有「山川異域，風月同天；寄諸佛子，共結來緣」的袈裟，送到中國來供養出家僧眾。

鑑真以自己往昔與日僧接觸時所獲悉的日本佛教事蹟，回應來訪的日僧，表達自己對日本佛教的看法；他認為，日本是具足佛法興隆因緣的國度，值得派遣僧人前往傳戒弘法。

不畏險阻決定東渡

鑑真認為日本是值得大展法筵、廣度眾生之處，在受到日僧邀請之後，隨即詢問追隨他學法的僧眾，面對日僧邀請至遠方的日本弘法度眾，是否有人能發心前往弘法？然而，這時眾僧默然，沒有人回應；過了許久，才有學僧祥彥提出意見。

祥彥認為，日本國實在太遠；而且，前往日本，首先要面對的是險峻海象的挑戰。根據以往的經驗，一百個人前往，可能連一個人都到不了，這樣的旅程真的太危險，此去可能性命難保。祥彥進一步表示，人身難得，要生在有佛法的地方更是困難，此生道業未成，不宜前往；不然，若不幸喪失性命，則想要再獲得人身，學習佛法，機會就十分渺茫。

祥彥如此表態，在場的其他的眾僧仍舊默然。

鑑真見眾僧畏懼險阻，沒有人發心前往日本，失望之餘便說道：

為是法事也，何惜身命？

諸人不去，我即去耳。

原本反對的祥彥見鑑真如是說，立刻回答：「大和上若是要去日本弘法，祥彥也一定跟著一起去！」就這麼一呼百應，眾學僧多人一一表態，願意追隨大和上的腳步前往日本弘法，這些人包括道興、道航、神頂、崇忍、靈粲、明烈、道默、道因、法藏、法載、曇靜、道翼、幽巖、如海、澄觀、德清、思託等二十一人。

鑑真之所以能感召學僧的追隨，所憑藉的是僧人為法忘軀的精神。佛教教主本師釋迦牟尼佛，為求悟道，在菩提樹下金剛座上結跏趺坐，並立下誓願：「不成正覺，誓不起座。」此乃菩薩道行者為了自己能上求佛道、下化眾生，所發的大誓願。在這樣的傳承下，精進向道的佛弟子，為求法前仆後繼的故事，不可計數。如唐朝的三藏法師義淨所題的詩句（註二）：

晉宋齊梁唐代間，高僧求法出長安；去時幾百歸無十，後輩那知前輩難。
雪嶺崎嶇侵骨冷，沙河洶湧刮毛寒。今人不委經來歷，往往將經容易看。

此偈頌道盡往西方取經之艱辛。魏晉南北朝至唐代間，向西方取經的中國僧人經歷艱辛旅程，數百位從長安出發，孤獨地踏上高山險嶺與無盡的沙漠，能平安歸來者卻不到十位。

這般為了求法、弘法，不惜犧牲生命的精神，正是鑑真不畏險阻、決定東渡弘法的最大動力。

第一次東渡計畫

隨遣唐使來到中國的日僧榮叡、普照，在中國留學十年後，決定不跟隨遣唐使返回日本，而積極地進行邀請唐朝僧人的計畫；獲得鑑真首肯東渡至日本傳戒後，計畫便如火如荼地展開。

造船購物

首先，他們在長安邀請了安國寺的僧人道航、澄觀，以及東都洛陽的僧人德清、與高麗僧人如海。

由於道航法師（註三）是當時宰相李林甫（註四）之兄李林宗的家僧，故經由道航的介紹而認識李林宗。李林宗明白他們不想隨遣唐使的船返回日本、並想私下邀請中國僧人另外搭船回日本弘揚戒律後，感到十分憂心。李林宗為他們寫介紹信給在揚州任職倉曹（註五）司倉參軍事的姪子李湊，請他協助建造赴日本的大船，以及準備前往日本所需的糧食與物品。

榮叡、普照在取得鑑真允諾後，立刻到東海請李湊協助造舟與購買所需物品，並與鑑真前往既濟寺買辦赴日本所需的乾糧、物品，其中還包括弘法所需的佛經、佛像、香、以及藥品等。

由於當時的法令規定，人民不得私自渡海出國，所以他們在買乾糧、物品時為了避人耳目，便稱買這些為數不少的乾糧、物品是為了送到天台山國清寺

（註六）供養僧眾。

如海誣告、計畫夭折

西元七四三年（天寶二年），以浙江吳令光為首的海賊作亂，通往日本的東南沿海要道台州、溫州、明州（此三州皆位於今浙江省）都受到阻礙；而這些地方，正位於當時前往日本最常採取的路線上（註七）。所以，前往日本的困難度也隨之增加。

由於航海到日本的難度增加，加上此趟的航行是要去日本傳戒，道航法師因此在某次會議中對隨團成員的素質提出一些意見。道航對鑑真說：「從揚州航行到日本距離那麼遠，加上近來臨海海盜猖獗，航行到日本非常危險；所以，去日本的成員不用太多。還有，這次是去日本傳戒，同行的成員應該具備相當修持才行；像如海那種戒臘（出家的時間）短、內學與修持尚未具備的人，就不應該隨同我們前往。」

雖然鑑真聽到道航這麼說並沒有做任何表示，高麗僧人如海聽到道航這番話，心中的怒火卻急遽上升；因為，他非常期待能追隨鑑真赴日傳戒，以便讓自己的身分地位迅速提升。他並沒有當場將心中的憤怒表現出來，只是暗自發誓一定要報復。

對著這個突如其來的插曲，榮叡、普照十分憂心，深怕日本之行橫生枝節；況且，如海是他們從長安帶來的，雖然德行雖然沒有鑑真的弟子那麼優秀，一起到日本傳戒卻並不礙事。然而，道航法師已經把話說出口了，一股不尋常的氣氛似乎蔓延開來。

一心想隨著鑑真到日本弘法的如海，美夢似已幻滅。在這樣的打擊之下，如海決定採取報復行動，他的心中充斥著「你們如果不讓我去，我也有辦法讓你們去不成」的想法。

被憤怒沖昏頭的如海，於是包裹著頭巾、偽裝成在家人，跑到淮南道(註八)採訪廳向採訪使(註九)班景倩密告。如海向採訪使報告：「以道航為首的不法僧眾與東南沿海賊串通，偷造大船，還在既濟寺、開元寺、大明寺三個寺院偷藏乾糧，準備航海偷渡，並已經將五百個海賊偷偷引入城中，恐怕會做出不利於揚州城的不法勾當。」

採訪使班景倩聽到如海的密告極為震驚；因為，近年來，近海的海盜非常猖獗，讓官府已經極為頭疼；若再讓他們侵入內地，只怕會出大亂子！班採訪使當機立斷，立刻將如海收押以利查證，並下令兵分多路搜查既濟寺等寺院，進行搜捕如海所檢舉的一干嫌疑犯與搜索證物。在地毯式的搜查下，官兵在既濟寺搜出儲藏的大量乾糧，在大明寺捉到日僧普照，在開元寺搜到玄朗與玄法。

日僧榮叡雖在官兵趕到前就得到通風報信，在情急之下躲進大明寺的水池並仰臥其中；但是，畢竟在水中無法憋氣太久，所以不久就被發現了，便被捉進官府追問案情。

至於引起這次風暴的僧人道航，雖然躲到平民家中，仍被官府抓拿到獄中調查。官府首先拷問道航法師：「查獲大量的私藏乾糧與私造大船，是不是為了與海盜勾結？有多少人參與這次的不法行動？」

道航回覆官員：「大人所查獲的私造大船與儲存乾糧，我們並不是用來串通海賊或偷渡。貧僧是宰相李林甫的兄長李林宗的家僧，這次是奉命去天台山國清寺送物資齋僧；若從陸路前往需要翻山越嶺、十分艱辛，造大船是準備以海路的方式到國清寺。李林宗大人曾經為這件幫忙寫介紹信給倉曹司倉參軍事李湊，請他協助買辦貨物與造船事宜，信件還在李司倉參軍事哪裡呢！大人如果不相信，可以向李大人詢問。」

班採訪使為此詢問李湊司倉參軍事，事情是否如道航法師所說那樣；經李參軍事證實後，看到那封介紹信後，他相信了道航法師的說法。

之後，班採訪使對此案做出裁決：道航法師判無罪釋放；但因當時海賊猖獗，為了安全起見，官府認為從揚州到國清寺供僧還是不要走海路，應從陸路，所以將那些查獲的乾糧與物資發還，大船則沒收充公。出獄後的道航認為東渡之行已無望，失望地回到長安。

誣告的如海，則令其還俗，杖責六十下，後遣返回高麗。至於四個日僧的處置方式，則請示北京鴻臚寺（註一〇），鴻臚寺裁示的結果為：「經過調查，榮叡等四位日僧，為日本的學問僧，至大唐學習，每年接受國家賜予絹二十五匹作為生活費用之資，並於四季由朝廷提供衣服，且曾經跟隨皇上出巡，所以應該不會是不法之徒。現在學習告一段落，他們若想要回去，就在揚州依慣例遣返。」

榮叡等四位日僧在被關了四個月後終於被釋放。玄朗、玄法就因此回國了；榮叡、普照兩人，因為尚未達成目標，所以並沒有接受政府的安排回國，而是悄悄地回到大明寺。

東渡計畫屢遇海難

榮叡、普照一心一意要請鑑真至日本傳戒，卻因為一場不該發生的內鬨而引發的事端，讓眼看就要成功的計畫瞬間瓦解。兩人不甘願就這樣被送回日本，所以躲避官府的遣送，偷偷地跑回揚州大明寺與鑑真見面。

在發生這麼嚴重的事情之後，他們對於還能不能再請大和上東渡非常沒把握；幸好，再次見面時，鑑真的態度讓二位日僧放下了心中的擔憂。

初航海難

鑑真並沒有因為第一次東渡計畫失敗而改變東渡的決心；在二個晚輩回來之前，他早已盤算好接下來要如何進行。

上次計畫所採買的船被官府沒收，幸好乾糧等物品發還回來；所以，只要再買一艘大船，再買辦一些貨物，再重組弘法的僧團與工作人員即可成行。於是，在榮叡、普照回到大明寺與鑑真見面時，大和上就將心中的計畫告訴他們，並鼓勵他們不要氣餒，要打起精神、再度籌畫日本弘法之行。

鑑真拿出八十貫的正爐錢（註一一）作為後續準備東渡的經費。大和上首先向當時擔任嶺南道（註一二）採訪使的劉巨麟（註一三）買一艘軍船，這艘軍船是劉巨麟運用其職務上的特權，私自將軍船賣出。

買軍船東渡，當然不算是循正常管道；但就當時的時空環境而言，軍船行駛在海盜頻繁的東南海域，具保護作用，海盜比較不敢侵犯。還有一個重要因素是，軍船是現成的，不用等待造船的時間，更能滿足急於赴日弘法的僧人們之需求。

最棘手的海運問題解決以後，接著還須聘請十八位船上的工作人員，並買辦所需的物品。根據《唐大和上東征傳》記載，所買的物品清單如下——

備辦海糧苓脂，紅綠米一百石，甜豉三十石，牛蘇一百八十斤，麵五十石，乾胡餅二車，乾蒸餅一車，乾薄餅一萬，番拾頭一半車。漆合子盤三十具，兼將畫五頂像一鋪，寶像一鋪，金泥像一軀，六扇佛菩薩障子一具。金字華嚴經一部，金字大品經一部，金字大集經一部，金字大涅槃經一部，雜經論章疏都一百部。月令障子一具，行天障子一具，道場幡一百二十口，珠幡十四條，玉環手幡八口，螺鈿經函五十口，銅瓶二十口，華氈二十四領。袈裟一千領，褊衫一千對，坐具一千，床大銅蓋四口。行菜蓋四十口，大銅盤二十面，中銅盤二十面，小銅盤四十四面。一尺面銅疊八十面，少銅疊二百面，白藤簟十六領，五色藤簟六領。麝香二十臍，沉香、甲香、甘松香、龍腦香、膽唐香、安息香、棧香、零陵香、青木香、薰陸香，都有六百餘斤。又有畢鉢、呵梨勒、胡椒、阿魏、石蜜、蔗糖等五百餘斤。蜂蜜十斛，甘蔗八十束。青錢十千貫，正爐錢十千貫，紫邊錢五千貫。羅襆頭二千枚，麻靴三十量，靡冒三十箇。

從清單可知，其所備辦的物品包括食品、佛像、經本、佛具、薰香、調味料、錢與部分其他雜物品，皆為弘法與生活所需。

由於上次所組的僧團，因如海的誣告案，有些成員已離開，所以必須重新組僧團。此次僧團成員，包括舊有的祥彥、道興、德清、榮叡、普照、思託，總共有十七人。

另外，為了將中國獨具之建造寺院的工藝與雕刻佛像等技術傳到日本；所以，東渡弘法團的成員也有雕玉匠、畫師、佛像雕刻師、鑄造、書法、刺繡等專家以及鐫碑等工匠，共有八十五人。

在船、人員、物資齊全後，鑑真所率領的東渡日本弘法團，終於在西元七四三年（天寶二年）十二月揚帆出發了。

然而，出師不利。船才出了揚州的大運河口，來到狼溝浦（註一四），便遇到狂風暴雨，船被惡浪擊破。

幸好，船隻擱淺在一片小陸地的淺灘上，所有的人員都暫時平安地在淺灘上立足。隨行人員在小陸地上的蘆葦處找到一個能讓一人安坐的半個人高的大石頭；眾人請鑑真上坐，其他人則緊緊圍繞在大和上身邊。

然而，這短暫的安適在漲潮後便被打斷；除了鑑真外，所有的人腰部以下都泡在水裡，在寒冷的寒冬中格外辛苦。

幸好，當潮水退去後，檢視船體，所幸損害不大；經工作人員將船修理後，繼續航行。

船隻漂泊到大坂山（註一五）時，由於海象險惡，風大浪大，無法靠岸；繼續漂泊到下嶼山(註一六)，終於可以靠岸，並在此滯留了一個月。等待海象轉好時，再行出發。

重新出發仍遇海難

等待一個月終於遇到好天氣，鑑真所率領東渡弘法團的船隻，從下嶼山繼續出發，欲前往桑石山(註一七)。

不過，他們才剛出發就遇到狂風巨浪；船隻好不容易離開險峻的岸邊，暴風巨浪不斷來襲，水手們拚命地握緊船槳，仍然無法控好船身；為了避免整艘船沉入大海中，只好努力地將船駛向附近礁岸的小島。在一陣巨大的風浪再度襲來，船被高高地抬起後，摔落下來時撞到巨石，船隻因此破裂，大量海水不斷湧進，隨時有可能沉船。

在經歷驚滔駭浪之後，人員與殘破的船身雖然被推上岸，但船上的糧食、水、經書、佛像等物品，在船隻受到一連串天翻地覆的衝擊之後，全都被拋到船外、沉沒海中。

由於食糧、飲水都沉入大海中，眾人經歷三天飢渴難耐的日子；幸好，風雨稍歇後，被附近沿岸的白水郎（註一八）們發現落難的東渡日本弘法團員，帶來食物與飲水，解救了他們的燃眉之飢。

白水郎們回去後將這情形報告官府，五天之後便有巡海官員來看到底發生什麼事；發現船難的難民中有大名鼎鼎的鑑真大和上，在調查清楚事情的始末之後就將調查結果上報給明州太守，並請太守裁示該如何處置這群船難落難者。

最後，太守批示，將鑑真等十七名僧人送到鄮縣山阿育王寺（註一九），其他的工匠與水手都遣返回鄉。

這樣的結果，對榮叡與普照兩位日僧而言，想要達成邀請精通律學的鑑真大和上返鄉傳戒的夢想，似乎是越來越遙遠了。

官民阻撓，四度受挫

歷經三次失敗，鑑真暫時被官府安置到阿育王寺。鑑真滯留於阿育王寺的消息，漸漸地在東南沿海各州各四月間傳開，並紛紛邀請鑑真前往講說律學與傳戒。

首先是在西元七四四年（天寶三載），越州龍興寺邀請其說法；接著，杭州、湖州（浙江吳興）與宣州（安徽宣城）也都有寺院紛紛前來邀大和上前往弘法。鑑真十分歡喜與後學結緣，所以依序前往傳授戒學，並在功德圓滿後又回到阿育王寺。

當地的寺院可以邀請到大師前往，如獲至寶，皆希望大師能留下來持續教導大家；因此，有的寺院甚至提出要求，請大師留下。然而，鑑真想去日本傳戒弘法的決心並沒有改變，所以沒有答應眾寺院的要求。

鑑真這段時間雖然忙著於各道場之間弘法，到日本傳戒的計畫仍以「鴨子滑水」的方式低調地進行著。如同前幾次的東渡計畫，需要購買船隻、購買糧食、法器、經典；招募水手、工匠。

鑑真要去日本傳戒的事，漸漸在越州的僧眾間傳開了。眾僧為了維護大和上的安全、以及為中國保全戒學的大師，所以不樂見鑑真前往日本，因此推派代表向越州太守檢舉日僧榮叡「引誘」大和上赴日，使得榮叡再度受難。甚至連鑑真的出家弟子靈佑，為避免大和上赴日發生危難，也向縣府告密。

這些「善意」，使鑑真赴日的計畫不斷受阻。

日僧再次被捕

天寶三載，越州的僧人為了不讓大師前往日本，所以到州府密報，以榮叡為首的日本僧人要誘拐鑑真前往日本。當時的山陰縣尉接受密報後，立即發出逮捕榮叡等日僧的逮捕令。

榮叡法師雖然在事前即獲得消息，而躲在王亟居士家，卻仍被官府搜尋到，普照法師則逃過一劫。

榮叡被逮捕後立刻被押往長安；由於押解的過程太辛苦，榮叡在被押解到杭州時就生了重病，無法再隨著官兵繼續往前走。官兵擔心人犯真的因此病亡，就為榮叡找大夫治療；然而，法師這病實在太嚴重了，治療一段時間後仍不見好轉，押解的官兵只好以人犯病死結案。

幸好，榮叡法師的意志力堅強，又遇到好的醫師，身體一天一天地好起來，一心想要趕快迎請鑑真。榮叡法師在大病初癒後，立即拖著病體啟程，返回阿育王寺與鑑真會合。

經歷這個風波之後，雖然赴日弘法團並沒有因此而解散，出發的日期卻更是遙遙無期了。

鑑真被截，押返揚州

榮叡與普照兩位日本僧人，為了完成邀請鑑真回日本弘揚戒法的使命，過程中經歷不少災難，甚至面臨幾乎喪失性命的處境，真是非常艱辛困難。然而，他們卻沒被這些考驗給打倒，求法的心並沒有因此稍有退卻。

鑑真對於他們的決心十分感佩與欣慰。為了早日達成他們的願望，在榮叡法師平安回到阿育王寺後，鑑真便加緊腳步籌劃到日本的弘法的種種事宜。

由於鑑真赴日弘法的計畫，在蘇杭一帶短時間內已經兩次驚動官府；若想再從江蘇與浙江這一帶出海，恐怕難以成行。所以，鑑真將計畫往南移，派遣弟子與兩位近事男（註二〇）先前往福州買船與採辦糧食、用品。

在船與物品準備到一定程度後，鑑真與一起留置於阿育王寺年餘的徒眾祥彥、榮叡、普照、思託等三十餘人，即從阿育王寺出發前往福州，為東渡準備。離開阿育王寺之前，一行人先禮拜阿育王塔，巡禮寺院，並供養聖井以及護塔魚菩薩。

在這一年中，鑑真對當地人民的佛法宣說深植人心，當時的明州太守盧同宰、阿育王寺的寺僧以及民眾們都十分捨不得他們離去。太守不僅派人準備糧食供養他們，還率領著僧眾與百姓護送他們至白社村寺，才告別回去。

鑑真一行人從山路出發，在明州官民的護送下一路來到白社村寺掛單。白社村寺年久失修，鑑真不捨寺院如此蕭條傾頹，因此勸請當地的村民出錢出力，重修傾塌的佛塔，並發心將大殿整建得更為莊嚴。在看到一切建設已經積極展開，鑑真才帶著徒眾繼續前行。

天黑之後，大夥來到台州寧海縣的白水寺借住一宿，並在早齋過後未多作停留，立刻啟程；因為，接下來迎接他們的，是翻山越嶺的險峻行程。

當時正值寒冬，大雪紛飛，雖然是在白天，天色也顯得昏暗。寒風瑟瑟，雪花紛飛；大家不僅要走很遠的路，還要翻過險峻的高山，涉過及膝的山泉，真是備受艱辛。歷經寒苦，日夜兼程地趕路，終於在兩天後來到了天台山國清寺。

國清寺是天台宗祖庭，景觀與建築之美皆難以言喻；不僅松竹長得十分茂盛，庭園中也到處都是奇珍異草，寶塔與佛殿更是精緻與莊嚴；就算是孫綽所著的〈天台山賦〉，亦難以形容其莊嚴於萬一。然而，為了趕往福州，鑑真所率領的東渡團並未在國清寺久留，在參拜智者大師塔院後，一行人就繼續前進。

鑑真率領弟子們離開始豐縣，經過臨海縣、黃巖縣，欲取道永嘉郡（今溫州）路；一行人一路風塵僕僕，朝福州前進。來到禪林寺（位於浙江黃岩縣南，後改名為香嚴寺）掛單；次日，早齋過後，東渡團正要出發前往溫州之際，另一個磨難又出現了；採訪使突然派員追來，下令要扣留鑑真。

進一步了解才知道，是鑑真在揚州的弟子靈佑與諸寺院的三綱（上座、寺主、維那）等僧眾商議，鑑真發願要到日本弘法，多年來經歷千山萬水、甚至驚濤駭浪；年歲漸高的鑑真若不放棄前往日本，勢必又要在迷濛滄海中，出生入死。為免大和上再度涉險，眾僧們決定向官府舉報鑑真將偷渡到日本弘法。

江東道採訪使在接獲靈佑等僧人的檢舉後，火速下令各州追蹤鑑真的下落。官府採取的方法是先追查鑑真已去過的寺院，將寺院的三綱暫時留置於獄中，從而追查出鑑真一行人的下落；最後，終於在禪林寺將他們攔截下來。

官兵將鑑真等人團團包圍，押送回揚州；沿途所經地方的官員，對大和上極為恭敬。採訪使裁處，將鑑真送回揚州本來居住的寺院，並請寺院三綱嚴加看管，免得他又想偷渡日本。

揚州附近各地百姓，聽聞鑑真又回到揚州，十分歡喜，紛紛呈上四事供養與慶賀大和上歸來，並慰問大和上的一路辛苦。在眾人歡愉氛圍中，鑑真卻一點也高興不起來；因為，前往日本弘法一事又遙遙無期了。

靈佑法師當然免不了因此事被大和上責怪，所以天天向鑑真求懺悔。靈佑法師為表達誠心懺悔，每夜從一更站到五更；再加上參與報官寺院的三綱僧眾來乞求原諒，靈佑法師終於六十天後獲得大和上原諒。

官府為防止鑑真再計畫偷渡到日本弘法，除了派寺院的主事者嚴加看管，官府也密切監視鑑真是否再有動作。日僧榮叡、普照雖然明白大和上赴日的決心不變，但在嚴密的監視之下，大和上短期內是無法有任何計畫了。兩位僧人為了使官府對大和上的監督鬆懈下來，只好暫時離開揚州。是年，鑑真五十七歲。

計畫東渡數次，輪番為外緣與航行失敗所阻，三年間的弘法計畫，在鑑真被押解回揚州後又回到原點，弘法團也隨著兩位日僧的離開而暫時解散。

復逢海難，隨緣弘法

西元七四八年（天寶七載）春天，當時官府對鑑真的監視已經較為鬆散，榮叡、普照兩位日僧又回到揚州與鑑真會合，商討東渡事宜，很快地又組團準備東渡。

然而，東渡團第五次東渡計畫，再遇海難，最後到達海南島南端。

此行雖東渡失敗，但卻開啟了鑑真在中國南方各地弘法的因緣。鑑真從南海經雷州半島，到廣西、廣東、江西等地逐漸北返，於天寶十載（西元七五一年）返回揚州。

這段過程，逆境不斷考驗著鑑真。日僧榮叡在端州入滅，普照法師離開弘法團，祥瑞法師也病逝；至於鑑真自身，則是在途中視力受到嚴重損傷。

從東海漂泊到南海

西元七四八年（天寶七載），日本僧人榮叡、普照二人悄悄地又來揚州崇福寺拜訪鑑真，商量東渡計畫。於是，鑑真又訂做船隻，備辦糧食與物品，所準備的東西與天寶二年準備的東西一樣。同行人僧有祥彥、神倉、光演、道祖、日悟、榮叡、普照、思託等道俗十四人，及水手十八人，加上兩位相隨者，合計有三十五人。

六月二十七日，一行人由揚州新河（註二一）乘船到常州狼山（註二二），風急浪高，行舟艱險，在五山群的其中三山之間打轉；隔天，藉由順風來到了越州界之三塔山（註二三）。鑑真所率領的赴日弘法團在三塔山停住一個多月，等到風浪較平靜時方出航至署風山（註二四），又停住一個多月。

十月十六日晨，鑑真告訴同行的團員們，他昨夜夢見三位官人，一位穿紅（緋）色衣服，二位穿綠色的衣服（註二五），在岸上向眾人拜別，應該是國神前來送別，此次必定可以安全渡海。

不久後風起，赴日弘法傳戒團一行人充滿信心地在順風之下揚帆啟程，往頂岸山（註二六）的方向出發。航行時，東渡團在東南方看見一座山，誤以為那是他們預定要前往的頂岸山；然而，在近中午時，那座山竟然消失！這時，東渡團才赫然發現，方才所看見的山其實是海市蜃樓，代表著天氣將劇變。因為船隻已經離岸很遠，無法回頭，只好冒險繼續前進。

緊接著，海面上風雲變色，海水在黑暗的天色之下黑如墨汁，海面上掀起了滔天巨浪，船上眾人被怒濤洶湧的海浪甩得七葷八素。眾人在驚恐之餘，急向觀世音菩薩祈求，不要讓船隻翻覆。

船上水手見到這般景象，高聲叫道：「這樣下去，這艘船必定會沉下去！我們如果要保住性命，一定要趕快把船上的東西拋下。」接著，大眾就即刻想要拿起船上的棧香籠往船下拋。但是，這時空中突然傳來聲音：「不要丟！千萬不要丟！」聽到這音聲，大家就立刻停止拋丟船上物品。

到了中夜，有船員告訴大家不要擔心，因為有四大天王披著盔甲並手持武器，兩位分別站船頭與船尾保護人家。眾人聽了就比較放心；因為，四大天王的出現意味著天氣將會「風調雨順」（註二七）；果然，海面上的風浪也逐漸平穩下來。

接下來的三天，船隻航行經過蛇海，只見海面上布滿大大小小帶著斑紋的海蛇，最大的有一丈多，最小的則是五尺多。在度過蛇海後，接著三天則是度過白色的飛魚，向雲翳一樣布滿天空，飛魚的大小約一尺多。接下來一天經過飛鳥海，鳥的大小跟人一樣大；大鳥若一起飛到船上，人們怕鳥的重量太重、船會被壓得下沉，而去驅趕牠們時，大鳥還會用鳥喙啄咬人的手加以反擊。

在經過鳥海之後，船繼續在海上漂流二天；在這兩天裡，除了強風與大浪外，沒有甚麼特別的動物出現。但是，在船上的僧眾，被強風大浪晃到頭暈目眩，全身軟綿綿地只能躺在船上發呆，什麼事都無法做。

在海上漂流的這些日子，因為在船上沒有水、無法煮食，僧眾的飲食也出現了很大的困難。普照法師每天發一些生米給僧眾，大夥兒只能咀嚼生米充飢；但是，生米實在太乾燥，很難吞下去。若是和著海水吃，雖然可以比較容易嚥下去，但吃下去後肚子立刻發脹，並且會合併劇痛。這樣的苦境，應是船上眾人這輩子所受過的最劇烈苦難。

在此飢渴難耐的困苦下，大家幾乎要失去求生意志；這時，幸好出現一些瑞象讓大眾又燃起一線希望。

首先，海中出現四隻長約一丈多大金魚在船的四周游行，就像是護法一般地護衛著大眾。

再者，船隻在海上漂流十二天，大眾陷於愁雲慘霧之際，普照法師意外發現榮叡法師這時卻是神采奕奕。於是，普照法師問榮叡法師：「大家現在都苦不堪言，為何您還可以怡然自得？」

榮叡法師回答：「我剛才夢見兩個官人來向我求戒；在我為他們授戒後，我告訴他們：『貧僧現在很渴，非常辛苦，想要喝水。』這時，他們就叫人拿水來給我喝；水的顏色跟乳汁一樣，喝起來十分甘美。在夢境中的我解渴之後，趕緊對他們說：『船上還有三十多人，很多天都沒水喝，也都亟需要喝水；請施主早點送水，以解眾人之渴。』這時，官人就叫兩位老人來，吩咐他們要把這件事辦好。」

經歷這樣的夢境，榮叡法師相信這是護法龍天準備送水來的吉象，並要大眾準備容器，隨時等著接天神送來的水。

不久之後，西南方的天邊真的出現白雲，白雲逐漸覆於船隻上空，並下起雨來，大眾因這場雨獲得一升的水。在第十三天的酉時，又下一場雨，船上每個人又獲得了二升的水，所有人都喝飽了，十分歡喜。

隔天，也就是一行人在海上漂流第十四天的清晨，船上的人突然興奮起來；因為，終於看到陸地就在前方不遠處；更特別的是，還有四條白色的魚靠近船邊，似乎來引領船安全地靠近陸地。舵手就在白魚的引領下，把船停在岸邊。雖然是登陸，究竟是到了哪兒，卻也沒人知道。

由於在海上漂泊多日，飲用水早已用罄；船停好後，眾人各自拿著容器爭先恐後地往岸上覓水。很幸運地，眾人翻過一個小土丘後就看到一個水池。

這個池水十分甘甜，大家爭相飲用，每個人都喝到十分滿足才回到船上休息。

神奇的是，眾人隔天想回到原地取水，走到原地時，呈現在眼前的卻是普通的旱地，完全看不到昨日池水的蹤跡；眾人這時才明白，昨天的池水是護法所化現。大家因此深深覺得，東渡弘法之路雖然經歷千辛萬苦，卻總是有著龍天護法保護著一行人不陷入絕境。

船隻所登陸的小島，在時序已進入到十一月的冬天，仍然開滿了花，樹木茂盛，與揚州的夏天的景象十分相似；不過，此處究竟是哪裡，經過一天停留後，眾人仍然沒有頭緒。

然而，以當地的景象推測，鑑真心中明白，船隻經過多日的漂泊，應是航向南方，距離所欲前往的日本更遠了。

由於弘法團在海上漂泊十四人，為了避免又回到茫茫大海漂流，要想辦法進入內陸；也就是說，必須先找到江的出海口，才能循著江流進入內陸。於是，派人前往找人引導船航向出海口。

幸好途中遇到四位商人；商人們在得知是鑑真所率領的弘法團，便告訴大家此處不宜久留，因為這裡有會吃人的野人，往內陸航行約莫三天可到振州（今海南島三亞市）。這時，弘法團眾人證實了鑑真的判斷；多日在海上漂泊，不僅讓弘法團離日本更遠，竟然還漂流到中國國土的最南方——海南島。

商人指引弘法團出海口方向，弘法團的船隻便在此短暫停留。入夜之後，果然有披頭散髮的野人，帶刀來到船旁；眾人十分害怕，給了他一些食物才免於受害。為免橫生枝節，弘法團在當夜立刻起錨，航向江河的出海口。

振州傳戒、修寺

經過三天，弘法團的船隻抵達振州江口（註二八），郡縣別駕馮崇債（註二九）

聽到商人通報鑑真到達振州的港口，於是派遣四百名士兵前往迎接並護送進城。

當鑑真一行人抵達振州城內，馮別駕親自前往迎接，並向大和上說：「我早知道大和上您們要來！因為，昨天在下夢見，有位是我前世的舅舅、轉世為姓『豐田』（註三〇）的出家人會抵達要來。請問弘法團內有沒有出家人姓豐田？」馮別駕得知團員中並沒有姓豐田的人，卻認為大和上即是那位此世為「豐田」和尚的前世舅舅。

馮別駕極為恭敬地接待鑑真所率領的弘法團。除了在官府內設齋供養弘法團的僧眾與成員外，又在太守廳中設戒會，恭請鑑真為自己與其他官員授戒。之後，馮別駕將僧眾一行人，安頓在振州大雲寺（註三一）內。

因寺中佛殿毀壞，僧人們變賣衣物，傾全力捐施，招募工人將佛殿重新整建，經過一年的努力終於完工。

東渡弘法團在振州隨緣造寺、傳戒、弘法，對當地的佛法弘傳帶來很大的貢獻。在整修好大雲寺的大殿後，便是弘法團告別振州的時候了；因為，一直停留在振州，東渡弘法的行程已硬生生地耽擱了一段時日。

崖州授戒、講律、造寺

西元七五〇年（天寶九載）年初，由於鑑真一行人前往的萬安州（註三二）之路途上盜賊繁多，馮別駕崇債自備甲兵八百人，護送一行僧眾，經四十餘日才到達萬安州。地方富豪統領馮若芳（註三三）請弘法團到他家住，誠摯地供養三日。

馮若芳實是從事搶奪波斯商船、劫掠財貨人口的海盜勾當，富可敵國，所劫奪來的人成為奴婢；長期以來，奴婢不計其數，奴婢的居住村落南北向要走三天、東西方向要走五天才能走完，數量之龐大令人咋舌。另外，其所擁有的珍寶亦不計其數；例如，會客時常用名貴的乳頭香（註三四）為燈燭，且一燒一百餘斤，其房子有後面堆積如山的蘇芳木（註三五），其他的各種珍寶也是一樣堆積如山。由此可見，其財富之豐厚，無可計量。

然後，弘法團由萬安州走到崖州（註三六）邊界，因為前方已無賊擾亂，馮崇債才辭別鑑真一行，回至振州。日僧榮叡、普照從海路經四十餘日，來到崖州與鑑真相會。

當一行人來到崖州，崖州遊奕大使（註三七）張雲出面迎接大和上，將鑑真等人安頓在開元寺（註三八），並在官舍設宴供養弘法團。

供養的物品不僅堆滿屋子，還有許多崖州當地珍貴知名的特產，如益知子（註三九）、檳榔子、椰子、荔支子、龍眼、甘蔗，還有拘莛（註四〇）、樓頭（可能即柚子）跟鉢盂一樣大，味道比蜂蜜還要甘甜，所開的花色如七寶一般；膽唐香樹叢生成林，樹香可隨風飄至五里之外。又有跟冬瓜一樣大的波羅捺樹果

（即波羅蜜），樹長得像檳榔樹，它的葉子像水蔥，味道像栁（柿）子。這些奇珍異果，均為江南一帶所不見者。

崖州的大小官員及百姓，對鑑真可說是尊敬備至、熱情款待，還以罕見的優曇鉢華來形容值遇鑑真大和上之難得；當然，也以此珍貴優曇鉢樹之葉當作生菜，以及優曇鉢樹子供養眾僧。

鑑真在崖州停留期間，遇到崖州地區火災，也有寺院被燒毀。張雲大使委託鑑真及弘法團中擅長建寺與雕刻的工匠，帶領當地工人重修遭火燒壞的寺廟。

遠在振州的馮崇債別駕聽說鑑真要建寺，立刻請工奴運送建寺所需的木頭與種種材料。（註四一）在馮別駕的大力資助下，所需要資材在三天內就備辦完成。

弘法團除了依造計畫建好佛殿、講堂、磚塔後，他們還運用剩下的木材造了釋迦文佛丈六佛像。

在寺院重建落成同時，鑑真登壇授戒、講解戒律，度化了不少當地民眾。在建寺的任務完成、離開海南時，大使張雲特別派遣澄邁縣令親送鑑真一行人上船，前往下個目的地——雷州（雷州半島中部，屬廣東省）。

廣東弘法傳戒．榮叡入滅

天寶九載，弘法團從崖州出發，渡過瓊州海峽，經歷三日三夜到達雷州；接著，經過羅州（廣東省廉江）、辯州（廣東省化州）、白州（今廣西省玉林市博白縣）、繡州（於今廣西省壯族自治區）、藤州（今廣西省梧州市藤縣）、象州（今廣西省來賓市象州縣）、桂州（今廣西省桂林市）、梧州（今廣西省梧州市）等地。如此的路線，就是從海南島，沿著河流經現今的雷州半島繞廣西、廣東、江西，以揚州為最終目標逐漸北返。

一路上，官人百姓及僧眾狹道迎送禮拜，盡心承事供養，受禮敬接待；規格之高，非言語可以形容。

到達始安郡（註四二）時，都督馮古璞（註四三）親自步行出城，對鑑真大和上五體投地、接足頂禮，引入開元寺。城中僧徒擊鐘、燒香、唱梵，雲集寺中；州縣官吏百姓，充斥街市，禮拜讚歎，日夜不絕。

馮古璞親自到開元寺呈上食物供養眾僧，並請鑑真為其授菩薩戒。與都督一同受戒者，尚有其所屬各州官員，以及參加科舉考試的學人，人數多到無法計數。由於受到當地人民的熱烈歡迎，當地官民又如此好樂佛法，鑑真於是在始安郡弘法一年。

當地官民如對待神明般地尊敬鑑真；因為，就當地的官民而言，少有如此大師級的高僧出現在這偏遠的南方；而且，大和上帶來的佛法，如法雨般滋潤了當地人乾枯已久的心靈。

由於鑑真在始安郡的弘法聲名遠播，天寶十載（西元七五一年）春天，當時的南海郡大都督、五府經略、採訪大使、攝御史中丞、廣州太守盧奐，請大和上到廣州府弘法。鑑真這才辭別了待了一年的始安郡，出發前往廣州。

鑑真出發之時，都督馮古璞知道，與大和上這次一離別，可能這一輩子沒機會再見，因此離情依依，不僅親自送行，而且扶持鑑真上船，還跟鑑真相約至彌勒內院（註四四）相遇。

弘法團的船舶離開了始安郡，沿桂江下駛，經過七日至梧州，沒多作停留就接著就往端州（今廣東肇慶市端州區）前進。

至端州龍興寺，日僧榮叡經過多年的漂泊與兩次的牢獄之災，身體狀況每況愈下；為了要完成將鑑真請回日本傳戒的心願，拖著虛弱的身體，陪著大和上東奔西跑，卻再也撐不下去，不幸因病去世。

鑑真哀慟悲切，親自看著榮叡入殮並請他放心：雖然榮叡已入滅，但鑑真率領弘法團赴日傳戒的決心絕對不會改變。

眾人在端州小住，即由端州太守親自送大和上前往廣州。弘法團一行人到廣州後，盧都督率當地的寺院僧眾與地方仕紳到城外迎接；以莊嚴隆重之禮接待，將眾僧接引到廣州的大雲寺掛單，並對僧眾呈上四事供養——衣服、臥具、飲食、醫藥。在眾僧安頓好後，都督又代當地的佛教信眾向鑑真請法，請大和上開設戒壇，讓僧俗二眾皆能受清淨戒法。

大雲寺裡當時有印度人正在用白檀香木雕刻《大方廣佛華嚴經》九會的經變圖，工程十分浩大，參與的雕刻師共計有六十人，預計三十年才能完成，所需的經費更高達四十萬貫錢。

鑑真在廣州期間，本來計畫要找機會搭便船到日本；但是，在廣州住一段時間後，感到前去日本似乎無望。由於在廣州時接觸到印度僧人與佛教文化，鑑真深受吸引，便認為，不如趁著在廣州出海方便，想要改變原先的規畫，改由從此處前往佛教的發源地印度朝聖。

嶺南道採訪使暨廣州都督府都督劉巨麟，深怕大和上一去不復返，便將此事上奏皇帝，皇帝因而敕令鑑真留在開元寺。

由於是皇帝要鑑真留在廣州接受供養，因此地方官員不敢怠慢，常以珍貴的寶物供養開元寺與弘法團，開元寺因而逐漸財務充沛，得以修築莊嚴。

廣州是南方重要的大城，州的城牆有三重，固若金湯，守備非常嚴密。都督統領六纛（大旗、軍旗），一纛一軍，威嚴的程度不亞於皇帝，廣州市當時為唐朝的大城市，在《唐大和上東征傳》中形容廣州城中「紫緋滿城，邑居逼側」，也就是說，當時廣州人文薈萃、冠蓋雲集、居住人口眾多，是一個十分繁華的城市。

當時的廣州除了佛寺外，還有三所婆羅門寺，並有一些梵僧居住；寺中有大水池，池中有青蓮華，華的葉根莖都十分芬馥奇異。

在廣州江中有為數甚多、來自婆羅洲、波斯、崑崙等地的船舶。船隻載香藥珍寶，堆積如山，船舶都是吃水深達六、七丈的大船。在廣州有許多國外人士往來經商，其中包括師子國（今斯里蘭卡）、大石國（今阿拉伯）、骨唐國（印度尼西亞爪哇島訶陵國之異名），以及雲南來的白蠻、赤蠻等。廣州雖然多元民族居住其中，尚能維持和平相處。

弘法團最終仍然找不到從廣州出海赴日的機會，在廣州停留一個春天後，便向韶州出發。離開廣州時，地方仕紳與平民百姓等前來送行的人可說連綿不絕，傾城相送，極為熱烈。

韶州弘法・普照辭行・雙眼失明

弘法團一行人從廣州出發，搭船約七百餘里，就到韶州（今廣東省韶關）。一行人到達韶州先掛單在禪居寺三天，之後被韶州官員迎入法泉寺。法泉寺乃武則天為禪宗六祖惠能禪師所建的寺院，在當寺中仍供奉著惠能大師之像。

就在大家安頓好之際，日僧普照法師決定離開弘法團。下這個決定，事非突然，而是普照法師經過一番深思熟慮後所做的決定。

弘法團赴日的計畫一波三折，不斷失敗，兩位日僧榮叡與普照，隨著鑑真不斷地東奔西走，弘法團前往日本的可能性似乎也越來越渺茫；若不是榮叡法師不斷鼓勵，普照法師早就想放棄。

榮叡法師往生後，普照法師更加覺得，鑑真赴日弘法的可能性不大；加上大和上年事已高，認為自己不該再拖著大和上，要他履行承諾、前往日本傳戒。因此，普照法師拜別鑑真，欲前往明州阿育王寺，尋找機會搭便船返回日本。

此為天寶九載（西元七五〇年）之事。當普照法師要離開時，鑑真十分傷心，拉著普照法師的手哭著說：「為傳戒發願過海，竟不能到日本國；本願不遂，為之奈何！」

從話語中可以感受大和上的心情。鑑真答應榮叡、普照二位日僧赴日弘法傳戒，卻屢次遭遇失敗；再加上榮叡法師已往生，普照法師又即將離去，鑑真的內心有多麼煎熬。

經歷一連串挫折，鑑真內心極為難受；加以南方氣候炎熱，體力日感衰弱，大和上不幸罹患眼疾，造成視力模糊。經韶州人介紹善治眼疾的胡人眼科醫師，為鑑真治療眼疾；不料，竟因此雙目失明！

此一打擊，對鑑真赴日弘法之事無異是雪上加霜；然而，這般重大的打擊並沒有澆熄大和上弘法之心。鑑真在眼睛失明後，仍持續巡禮遊化十方；期間，大和上遊歷至靈鷲寺、廉果寺，並在此登壇授戒。

江西弘法·祥彥入滅

後至湞昌縣（今廣東省南雄市），過大庾嶺（註四五）而至江西虔州（今江西省贛州市）開元寺，僕射（相當於宰相）鍾紹宗在此請鑑真至其宅立壇，傳授戒法。

接下來一行人來到了吉州（今江西省吉安市）。鑑真的弟子祥彥法師病重多日，忽然在船上臥榻端坐起來，問思託法師：「大和上還在睡覺嗎？」思託法師回答：「還沒睡醒。」祥彥法師告訴思託法師：「我今天晚上就要走了，想見大和上最後一面！」鑑真接獲通報，立刻起身，即到祥彥法師的臥榻前設香案，要祥彥法師面向西方念阿彌陀佛，祥彥法師就在念佛聲中端坐往生。

祥彥法師為當初最早支持鑑真東渡弘法的人，也是一路上大和上最親近的侍者。弘法團屢次東渡失敗，此次行程至此已近三年。一路北返揚州的途中，當初邀請鑑真的日本僧人，一人已往生，另外一人離去；這時，最早支持他、也是最支持他的祥彥也走了，鑑真的心情想必萬分悲慟與感慨。

悲傷的情緒必須立刻收拾，因為弘法的任務無法間斷。當時，沿途的各州官吏僧俗二眾，聽說鑑真從大庾嶺南回到嶺北，奔相走告；大和上所到之處，平日就有三百人以上前來禮拜、求法與供養；前來供養求法的人擠得水洩不通，所供養的物品不僅堆積如山，其中不乏精緻的貴重物品。由此可見，鑑真當時不僅聲名遠播，還倍受景仰。

從吉州往北方朝江州（今江西九江市）前進，鑑真一行人途中到廬山東林寺（註四六）參訪。東林寺是晉代慧遠大師所居之寺，慧遠大師曾在此設立戒壇、傳授戒法，感召龍天護法，天降甘露，因此有「甘露壇」之稱，在鑑真參訪此處時仍保存著。寺中人員告訴鑑真，天寶九載時，鑑真大和上的學生志恩律師，在此戒壇上傳戒，也曾感得天降甘露雨水；僧俗大眾聽聞此瑞相，無不讚歎志恩律師有慧遠大師的德行，才能感召甘露雨水。

弘法團在東林寺停留三日，就往潯陽（亦在今江西九江市）龍泉寺。有一傳說：慧遠大師建龍泉寺時，曾因找不到水源而煩惱，而向天發願：「如果此地堪為修行人棲止，請龍天護法讓此湧出泉水。」說完，就用錫杖叩地，隨即有二隻青龍循著錫杖而上，泉水隨即飛湧而上；在鑑真到訪時，泉水還能湧出地面三尺。龍泉寺的名稱就是因此典故而來。

弘法團一行人接著從潯陽循陸路而到江州，江州太守及州縣官人百姓一起齊集供養弘法團的僧眾。鑑真在江州駐錫三日，對當地僧俗大眾開示佛法。鑑真離去時，太守親自送大和上至九江驛站；一直等到鑑真上船後，太守才辭別離去。

回揚州弘法，等待機緣

離開了江州，東渡弘法團繼續朝回揚州的航線前進。船航行了七天來到潤州（今江蘇省鎮江市）的江寧縣（今江蘇省南京市）。登陸後，東渡弘法團一行人來到瓦官寺（註四七）。

鑑真登上瓦官寺的寶閣，寶閣的高度有二十丈（約六十六公尺），梁武帝所建，至今有三百年；因年代久遠，已有一小部分傾損。

這座寶閣有一個感應故事：「相傳很久以前，有一個夜晚，突然強風來襲，吹了一晚，寶閣沒有受到絲毫損傷。這時，寺中人員發現，寶閣的四角旁有八個神的足印，每個足印有三尺長、三寸深。後來，寺方就在寶閣的四角塑了四尊神王像，站在寶閣四角，並以手托著寶閣。」據說，這八個神跡在當時仍然保存著。

梁武帝十分護持佛法，在當時所建的寺院還有江寧寺、彌勒寺、長慶寺、延祚寺等，各寺院不僅非常莊嚴，而且有非常精巧細緻的雕刻。

這時，鑑真的弟子靈佑法師——也就是在大和上第四次東渡計畫時向官府密告的那一位，聽到大和上回來，特地從棲霞寺趕來迎接。靈佑見到大和上立刻行頭面接足禮，並喜極而泣向大和上稟報：「自從大和上行向東海後，弟子以為這一輩子再也見不到師父您了；今天能再見到您，有如盲龜得以重見天日。佛教的傳戒之燈重新點亮，昏暗的道路又再現光明。」

靈佑法師立刻將一行人接到棲霞寺掛單；鑑真僅在棲霞寺住三天，就回到揚州。

鑑真回到揚州時，船行走到揚子亭的既濟寺，僧俗二眾早已站滿了岸邊等著迎接大和上，江中接駕的船也是一艘接著一艘。受到眾人的熱烈迎接，最後又回到龍興寺居住。

第五次東渡計畫，從出海到再度回到龍興寺，經過三年多的時間，看似一切又回到原點。然而，在回程的過程中，鑑真所到之處皆隨緣弘揚佛法、設立戒壇；雖然沒有東渡成功，但也廣結法緣。

在這過程中，經歷了榮叡往生、普照離去、祥彥往生，他們都是鑑真東渡弘法的重要成員及助力；鑑真還罹患嚴重的眼疾，經過多年的漂泊的生活，體力也衰弱不少。日後的日本之行是否能成功，相信那時的鑑真自己也沒把握；但可以確定的是，他的決心從未改變。

西元七五一年（天寶十載）秋天，鑑真回到揚州，持續在龍興、崇福、大明、延光等寺弘法，重新凝聚資源及擬定計畫，等待東渡弘法的機會。

遣唐使再度邀請

西元七五〇年（天寶九載）九月，日本天皇任命藤原清河為第十次遣唐大使、副使大伴古麻呂；隔年，也就是鑑真回到揚州的同年十一月，又任命吉備真備為副使。第十次（或稱第十一次）遣唐大使於西元七五二年（天寶十一載）四月出發，從明州（位浙江省東部）、越州（今浙江省紹興市）而到長安。

遣唐使到明州時，普照法師前往拜見藤原清河等人，並告訴大使們這十年間鑑真東渡弘法團的遭遇。

藤原清河來中國前就已經聽說鑑真大和上；因為，為日本朝廷尋找適合傳戒的大法師是此次遣唐使重要的任務之一；在來中國之前，藤原清河就已經打聽適合的人選。他知道，自從道岸律師的弟子義威律師圓寂後，在淮南道中，佛教界推崇的授戒大師非鑑真大和上莫屬；在與普照法師見面後，藤原清河更加確定鑑真的重要性。

遣唐使一行人來到長安時，由晁衡（註四八）負責接待。晁衡的日本名字為阿倍仲麻呂，西元七一六年（開元四年）隨著日本第八次遣唐使到中國，當年他才十九歲；此次的副使吉備真備，是當時曾與他一起來中國的留學生。這次遣唐使再次來到中國，又激起晁衡的思鄉之情；來到中國已三十六年的他，十分渴望能隨著這次的遣唐使返回日本。

遣唐大使藤原清河，在晁衡、大伴古麻呂、吉備真備陪同下晉見唐玄宗。藤原清河向唐玄宗提出兩個要求：一個是讓晁衡返國，另一個就是讓鑑真大和上及五個學律的弟子到日本傳戒弘法。

唐玄宗對於讓晁衡回日本並沒有意見，並且任命他為唐朝回訪日本的使節。但是，唐朝的信仰當時不再像武則天時代獨尊佛教，而是尊崇與唐朝祖先同為李姓的道教教祖李耳（老子）；所以，唐玄宗希望，除了佛教的弘法團赴日本外，這次能派兩位道士一起去日本。

然而，因為當時的日本社會並無道教信仰，所以藤原清河並不打算邀道士赴日。為免因為直接拒絕唐玄宗的要求而冒犯了唐朝皇帝，所以遣唐使節最後想出個折衷的辦法：留四位留學生在唐朝學習道士之法，邀請鑑真大和上赴日的要求則自行撤回，不再提起。

第十次遣唐使在長安停留將近一年，與唐朝朝廷有不錯的互動；離開時，唐玄宗除了命令鴻臚卿將他們送至淮揚，還親自寫詩贈送給藤原清河，顯示此次的遣唐使與中國朝廷有很成功的互動。唐玄宗所寫的詩為〈送日本使〉：

日下非殊俗，天中嘉會朝；朝余懷義遠，矜爾為途遙。

漲海寬秋月，歸帆駛夕飆；因驚彼君子，王化遠迢迢。

晁衡在中國停留將近四十年，離開時朋友紛紛前來送行，可以看出他的好人緣。離開長安後，遣唐使帶著晁衡取道洛陽，來到揚州，計畫從揚州出海返國。

答應日本遣唐使邀約

遣唐使們雖然不再向中國朝廷提出要請鑑真到日本弘揚戒法的事；但是，遣唐使們明白此事乃是他們這次前來中國的重要使命之一。這項重要的使命，檯面上礙於中國朝廷的政策而無法實現；但是，基於遣唐使的職責，仍不能輕言放棄，要想辦法完成。

西元七五三年（天寶十二載），遣唐使藤原清河、吉備真備、大伴古麻呂、晁衡等人來到揚州拜訪鑑真。對於大和上五次東渡計畫，表示敬佩與感恩，又懇請鑑真同他們一起東渡，讓戒法得以東傳。

不過，遣唐使也誠實地將這次在朝廷上所發生的事告訴鑑真，讓大和上明白，他們無法透過正常的管道邀請他，必須私底下搭他們的船東渡，不免讓大和上委屈了。

遣唐使們不斷地向鑑真展現他們誠摯邀請的決心，並向大和上表示，若能隨遣唐使的船東渡，因為船隻較大、設備較好，面對險象萬千的大海，安全上也多一分保障。

為了圓滿完成對榮叡法師的承諾，將戒法傳到東瀛，鑑真答應了遣唐使的邀約，並積極且祕密地籌備第六次東渡計畫。

由於此次的籌備時間很短，隨行人員與準備物品無法像前幾次那樣齊全。此次主要隨行的比丘包括揚州白塔寺的法進法師（註四九）及其弟子慧雲法師、泉州（今福建省泉州市）超功寺的曇靜法師（註五〇）、台州（今浙江台州市）開元寺（註五一）的思託法師（註五二）、揚州興雲寺的義靜法師、衢州（今浙江省衢州市衢縣）靈耀寺的法載法師，以及竇州（廣東信宜市）開元寺僧法成等共十四人；另外，還有藤州（約今廣西壯族自治區藤縣）通善寺比丘尼智首等三人。

在家眾則包括揚州優婆塞、潘仙童、胡國人（註五三）安如寶（註五四）、崑崙國人（註五五）軍法力、瞻波國人（註五六）善聽都等共有二十四人。

另外還有一重要人物；本已對鑑真赴日傳法不抱希望的日僧普照，也在這次與鑑真一起隨遣唐大使的船隊返回日本。

至於所備辦的物品，因為與遣唐使同行，就不用準備糧食，準備的物品主要是以佛教文物與經典為主。根據《唐大和上東征傳》，所帶的文物如下——

如來肉舍利三千粒、功德繡普集變一鋪、阿彌陀如來像一鋪、彫白栴檀千手像一軀、繡千手像一鋪、救世觀世音像一鋪，藥師、彌陀、彌勒菩薩瑞像各一軀，同障子。

金字大方廣佛華嚴經八十卷、大佛名經十六卷、金字大品經一部金字大集經一部、南本涅槃經一部四十卷、四分律一部六十卷、法勵師四分疏五本各十卷、光統律師四分疏百二十紙、鏡中記二本、智周師菩薩戒疏五卷、靈溪釋子菩薩戒疏二卷、天台止觀法門、玄義文句各十卷、四教儀十二卷、次第禪門十一卷、行法華懺法一卷、小止觀一卷、六妙門一卷、明了論一卷、定賓律師飾宗義記九卷、補釋飾宗記一卷、戒疏二本各一卷、觀音寺亮律師義記二本十卷、南山宣律師含注戒本一卷及疏、行事鈔五本、羯磨疏等二本、懷素律師戒本疏四卷、大覺律師批記十四卷、音訓二本、比丘尼傳二本四卷、玄奘法師西域記一本｜二卷、終南山宣律師關中創開戒壇圖經一卷，合四十八部。

及玉環水精手幡四口、金珠西國瑠璃瓶盛菩提子三斗、青蓮華廿莖、玳瑁疊子八面、天竺革履二緉、王右軍真蹟行書一帖、小王真蹟行書三帖、天竺朱和等雜體書五十帖、水精手幡已下皆進內裡、又阿育王塔樣金銅塔一區。

鑑真答應前往日本弘法，在揚州的僧俗大眾都知道這個傳聞；地方官府獲得此消息，怕鑑真偷渡，所以對鑑真嚴加監視。由於時間緊迫，加上官府的監視，鑑真只能快速但低調地籌備一切東渡事宜。

奠基於多次籌畫的經驗，以及鑑真心中一直惦記著對已去世之榮叡法師的承諾，鑑真第六度東渡計畫的籌備，在與遣唐使約定出發的時間之前完成。

驚險的航海過程

為了避開官府及其他寺僧的阻攔，有一位從務州（位於今貴州）來的仁幹法師，祕密地備船協助鑑真及其弟子，於西元七五三年（天寶十二載）十月二十九日，於夜裡祕密地乘船離開揚州。

在揚州的江邊，出現一則小插曲。在乘船之際，弘法團一行人發現後面有一群人以急促的腳步追來，原以為是官府的追兵；後來才知道，是龍興寺的二十四個沙彌，知道大和上要赴東瀛，此次一別，今生應該沒有再見面的機會，特地趕來求戒。於是，鑑真為他們授戒後，才乘船離開揚州，到黃泗浦與遣唐使會合。

十月二十三日，遣唐大使藤原清河分配鑑真的隨從分別搭乘三艘副使船，自己與阿倍仲麻呂搭第一艘船。雖然一切安排妥當，但因風向不順，他們還不能出發。

在這段等待的時間裡，又有變卦。藤原清河怕風聲走漏，若唐朝的官員上船來搜索，查到鑑真一行人，將會嚴重影響兩國邦交。為避免引發兩國爭端，藤原清河竟下令收回對鑑真的邀請，並下令鑑真一行人即刻離開遣唐使的船。

在遣唐使船出發前兩天，十一月十三日，普照法師從明州阿育王寺趕來，與遣唐使會合返日。普照法師被安排在第三艘船吉備真備副使的船上，當他聽到鑑真一行人被趕下船，多年的心願竟然又無法達成，心中真是萬分的惆悵。

但是，其實在十一月十日時，第二艘船的副使大伴古麻呂早就以偷偷地將鑑真一行人召喚上第二艘遣唐使船；為免節外生枝，並沒有讓其他艘船的人知道。

十一月十五日，風向轉順，本來當天就要出發；但是，因為有一隻黑色的雉雞飛來第一艘船頭，停下來繞一圈就走了；遣唐使們擔心是不祥預兆，所以

鑑真大和上東渡日本路線圖

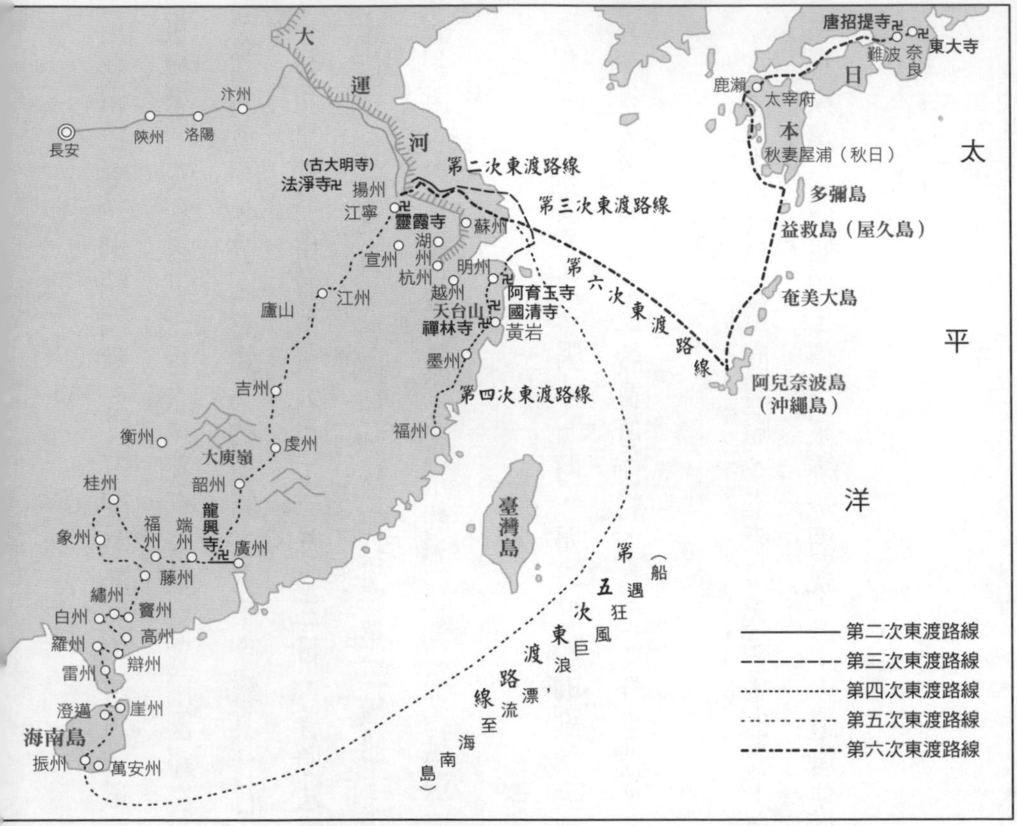

遣唐使船不敢出發。直到第二天十一月十六日，遣唐使船才從黃泗浦出發，直航日本。

一行四艘船駛入茫茫大海，當航行到阿爾奈波（即今沖繩島）時，遭到大風暴襲擊，第一和第二艘船於十一月二十一日到達沖繩島。十二月六日，第二艘船啟程前往多禰島（種子島），並在第七天到達益救島（屋久島）。後來，其他兩艘副使船各自回到了日本，第三艘船在隔年的一月到達，第四艘船則是四月。唯獨藤原清河與阿倍仲麻呂所在的第一艘船杳無音信。（註五七）

西元七五三年，十二月二十日中午，這位夙志不變、決心東渡弘法的鑑真大和上，終於踏上了日本的土地，在鹿兒島縣川邊郡坊津町的秋目浦上陸。十二月二十六日，有一位延慶法師上船來，迎接鑑真上岸，安頓在北九州大宰府到過年。

【註釋】

註一：南嶽慧思（西元五一五至五七七年），南北朝時高僧；俗家姓李，河南上蔡人，世稱南嶽尊者、思大和尚或思禪師，為中國佛教天台宗第二代祖師（若以龍樹菩薩為初祖，慧思大師則為三祖），天台智者大師即其弟子。

自幼歸佛樂法，心向《法華》，曾持經入墳間讀誦，讀畢深受感動，對經涕泣；之後夢見普賢菩薩摩頂而去，頂上亦隆起肉髻。十五歲出家，後參河南慧文禪師，得授觀心之法。曾因慨嘆自己修行未有進境，放身倚壁，豁然大悟，深得法華三昧。

梁代承聖二年（五三三），率眾南行，到了光州，次年入住大蘇山，在開嶽寺、觀邑寺講《大品般若經》，信眾日增，因此發願寫造金字《般若經》。四十四歲時（五五八），於光城縣齊光寺實現了寫金字經本並貯以寶函之願。他極重視這件事的完成，特撰《立誓願文》，敘述自己出家學道、習禪以及在各地遊化迭遭諸外道擾亂毒害，因而發心寫造金字經本的因緣，以及立誓修禪解脫法、得神通力、弘揚般若、廣度眾生的大願。

由於這篇《立誓願文》的流傳，更吸引了遠地信眾的歸仰；智者大師就是在這時不避戰亂，遠至光州師事慧思禪師的。

慧思在光州遊化歷時十四年，於陳代光大二年（五六八）帶了徒眾四十餘人前往湖南、入住南嶽，在當地繼續提倡修禪。南朝陳地信眾望風歸附，陳主迎他到陳都建業，住棲玄寺，講《大品般若》。他感慨於當時南地佛學界偏重理論、輕視禪觀，於是雙開定慧兩門，日間談理、夜間修禪，同時宣講禪波羅蜜；陳主尊他為大禪師，名動朝野。後又還住南嶽，繼續傳授禪法。

他曾命智者大師代講《大品般若》，講到「一心具足萬行」處，慧思特別指示，《大品》所講還是次第義，《法華》才講圓頓義。對於智者大師後來創立以《法華》為中心的天台宗學說，起了決定性的影響。

慧思禪師乃最早主張佛法之衰微即末法時期者，因而確立對阿彌陀佛與彌勒菩薩之信仰；既注重禪法之踐行，亦注重義理之推究。

依後人之整理，慧思大師對中國佛教的影響有：

一、由於付法智顗，直接促成了天台宗的成立；
二、其教理與禪觀並重，令天台宗得以「教觀雙美」；
三、示現忍辱與苦行，為後世學者樹立楷模；
四、由於法華三昧的親證以及對《法華經》的提倡，使得後學對《法華經》的信仰和修持相續不絕；
五、將《法華經》的修持具體化、次第化（建立有相行和無相行修法）；
六、據傳，其撰寫了中國最早的《受菩薩戒儀》，提倡受持菩薩戒，影響後世深遠。

註二：此詩偈出自卍新續藏第六十六冊，No.1298《禪門諸祖師偈頌》，有題目作〈義淨三藏誡看經〉。《翻譯名義集．第七卷》（大正藏五四，No.2131）則有另一版本：

晉宋齊梁唐代間，高僧求法離長安；

去人成百歸無十，後者安知前者難。
路遠碧天唯冷結，砂河遮日力疲殫。
後賢如未諳斯時，往往將經容易看。

註三：道航法師因曾經追隨鑑真大師學戒，榮叡、普照也是經由他的引薦才能邀請到鑑真大師赴日。

註四：李林甫，唐朝宗室、宰相，唐高祖李淵堂弟長平肅王李叔良的曾孫，畫家李思訓之侄。李林甫擔任宰相十九年，乃唐玄宗時期在位最久的宰相。

註五：倉曹為官名。在唐朝，倉曹司倉參軍事，職掌租調、公廨、庖廚、倉庫、市肆。

註六：國清寺位於浙江省台州市天台縣，建於隋開皇十八年（西元五二八年），初命名為天台山寺。

天台宗創建者智者大師一生共建寺院三十六所，並曾說：「予所造寺，棲霞、靈岩、天台、玉泉，乃天下四絕也。」至於這四座寺院中，依《天台山記》所云：「天下四絕寺，國清（即天台）第一絕。」

據說，當時為太子的楊廣下旨為落成的天台山寺命名：「經論之內，復有勝名，可各述所懷，朕自詳擇。」於是，有的以「禪門」之類為名，有的則認為可以「五淨居天」（唯聖人居）為名。智者弟子則提起，智者大師曾經告知昔日高僧預言之事：「當三國成一，當有大勢力者為之造寺；寺若成，國即清。必呼為國清寺。」

楊廣便說：「這是先師的靈瑞預示，就用此為寺名吧！」他於大業元年（六〇五年）登基後（即隋煬帝），便賜額「國清寺」。

西元九世紀，日本留學僧最澄至天台山從道邃學法，後在日本創立日本天台宗；十一世紀，高麗僧人義天至國清寺求法，又將此宗傳入朝鮮。國清寺遂成為日本及韓國佛教天台宗的祖庭。

註七：在當時從揚子江往日本的航海路線有三條——

一為北上山東半島，渡渤海、黃海，沿著朝鮮半島南下到九州；雖然此路線最方便，然在當時因新羅的阻撓，此路線往往無法通行。

二為南行至舟山群島，往東航行；此路線在當時受海賊阻撓。

三為經大盤山直往日本；此航線雖然路程最短，但危險性高。

註八：「淮南道」是唐朝時的行政區劃，轄下有十四州、共五十七縣，相當於現在的江蘇省中部、安徽省中部、湖北省東北部和河南省東南角。治所在揚州。

註九：採訪使，官名。唐初於各道設按察使。唐玄宗開元二十一年（西元七三三年）分全國為十五道，每道置採訪處置使，簡稱採訪使，掌管檢查刑獄和監察州縣官吏，即監察各郡縣官員政績之優劣，回稟朝廷。爾後採訪使權位漸重，遂稍奪行政之權。採訪使如在軍區，則多兼任軍事長官。

註一〇：鴻臚寺，古代官署名，秦曰典客，漢改為大行令，武帝時又改名大鴻臚，主官為鴻臚寺卿。北齊置鴻臚寺，後代沿置。《漢書．百官公卿表上》：「典客，秦官，掌諸歸義蠻夷，有丞。景帝中六年更名大行令，武帝太初元年更名大鴻臚。屬官有行人、譯官、別火三令丞及郡邸長丞。」

註一一：正爐錢乃指當時官府鑄造的銅幣。當時亦有私鑄的銅幣，質量與使用價值都低於官鑄的銅幣。

註一二：三國時代，吳國於西元二二六年，分交州合浦以北地段，即今廣東地區及廣西中部，置為廣州。晉及南北朝因之。隋文帝在位時廢南海郡，置廣州總管府。西元六〇一年因避太子楊廣之諱而改為番州。唐於西元六二一年復置廣州，初為總管府，後改都督府。西元六二七年置嶺南道。西元七五八年，罷嶺南道採訪使，改設嶺南節度使，僅轄今廣東地區。

註一三：劉巨麟，《唐大和上東征傳》錯載為「劉臣隣」，從《新唐書》、《舊唐書》等史書可知，「劉巨麟」才是正確的。天寶二年（西元七四三年），浙江海賊吳令光於溫州作亂，當時南海郡守劉巨麟便從屯門軍鎮調兵平亂。任廣州都督時山峻水深，民不井汲，都督劉巨麟始鑿井四口。然劉巨麟因貪汙，於天寶八載被處死。

註一四：狼溝浦，日本學者藤田元春認為是在今南通縣之南，近狼山，揚子江北岸的港口；安藤更生則主張是在揚子江南岸，現在太倉瀏河口附近的狼港。

註一五：大坂山，或做大板山。藤田元春認為是浙江海上的大戢山；安藤更生則主張是江蘇海上馬鞍島西北兩個小島中的一個、即大盤山的島。

註一六：下嶼山，藤田元春認為是浙江海上的舟山群島中的五嶼；安藤更生則主張可能是上、下川島，特別是下川島。

註一七：桑石山，藤田元春認為即是現在的榭山；榭山在舟山島南方，鎮海半島北方的一個大島。安藤更生則主張，桑石山的位置應在舟山島北方的海中，即是在大衢山北方、小衢山東方的桑枝山。

註一八：白水郎，《唐大和上東征傳》載為「泉郎」。白水郎是唐代指沿海河岸居住的百姓，可能是漁民，但並非全部都是。此次救了大家並提供水、糧的白水郎應該是漁民，才有船到小島，並且能帶水、糧前往救援。

註一九：鄮縣山位於當時的明州。據《明州阿育王寺山志》記載，阿育王寺始建於西晉太康三年（西元二八二年），最初的寺址在玉幾山下的烏石岙，位於今浙江省寧波市北侖區大碶街道嘉溪村，開山者為西晉高僧慧達，本名劉薩訶。建寺因緣為，慧達尋找舍利時，行至鄮山烏石岙內，聽聞地下有聲，便在此結廬誦經；三日後，舍利寶塔從山中踴出，慧達便在此建寺供養。

註二〇：近事男亦即親近三寶、承事三寶的在家修行者，乃優婆塞（upāsaka，男居士）的另稱。

註二一：揚州新河即伊婁河，乃三叉通河向揚子江岸瓜洲之運河，又稱瓜洲運河。唐開元二十五年（西元七三七年），揚州開鑿伊婁河直通瓜洲。從此，瓜洲成為溝通長江南北的重要渡口。歷代漕運（南方糧食北運京城）與鹽運（海鹽西運內陸）在此交織。鑑真先後六次東渡日本，其中有三次從瓜洲入江，揚帆渡海。

註二二：常州狼山乃指現在南通之狼山港。位於南通市東南方，長江北岸，在唐朝時屬於常州，也稱為子瑯山；與軍山、劍山、馬鞍山、黃泥山組成五山，狼山居中。

註二三：越州界三塔山乃位於定海小羊山島上。

註二四：或為「曙峰山」、「署風山」。《唐大和上東征傳》原文中的「得好風發至署風山」，即指藉由順風到達舟山本島。署風山乃舟山群島中最大島的山名，來往船隻先看到此山，故稱文中言至署風山，而非言至舟山島。

註二五：唐代官服，主要服飾為圓領窄袖袍衫，其顏色有規定：凡三品以上官員一律用紫色；五品以上為緋色（紅色）；六品、七品為綠色；八品、九品為青色。

註二六：頂岸山，或謂係「須岸山」之誤，又作珠儸山，指今浙江象山。日本學者安藤更生認為，此山即浙江省舟山群島東南部之朱家尖。朱家尖是舟山群島的第五大島，島嶼面積七十二平方公里，距普陀山一點三五海浬。

註二七：「四大天王」是佛教的護法神，手持的法器分別為「劍、琴、傘、龍」，隱含著「風、調、雨、順」之意。南方增長天王持劍，劍「鋒」即代表「風」；東方持國天王持琵琶，代表「調（絃）」；北方多聞天王執傘，代表「雨」；西方廣目天王持龍或蛇，代表「順」；組合起來即是「風、調、雨、順」。

註二八：傳說中，鑑真和他的弟子們登上振州的海岸時，感覺來到一個陌生的國度。這裡山明水秀，碧海藍天，風和日麗，令眾人一個多月來的漂泊之苦一掃而空。鑑真對弟子們說：「彼岸即此岸，九死得一生，我們為這收留我們的這片南疆佛國淨土祈禱吧！祝福此處百姓平安吉祥。」

祈福之後，開始清理船倉和修整船隻，發現一千多卷佛經被海水浸溼了，他們便把經書搬出來攤晒在沙灘上。振州府別駕馮崇債派四百兵丁親自前來迎接鑑真與僧眾們進城，弘法團便告別了這美麗的海灣。第二天一早，奇蹟出現了。就在弘法團晒經書的沙灘上，長出各種花草，還逐漸地不斷擴展；原來荒蕪的海灘坡地，長滿美麗的花草，蜻蜓、蝴蝶、蜜蜂、鳥兒在其間不斷穿梭飛舞。於是，人們就把這塊海灘草坡叫做「晒經坡」。據說，「崖州土城花常開」這句山歌，就是描述這個故事。

註二九：馮崇債，為當時統治海南馮氏家族的後代，為振州刺史的佐官（別駕）。

根據歷史記載，海南島最早置郡縣是在漢武帝元封元年（西元前一一〇年），在海南島設置珠崖郡（治今海南瓊山）、儋耳郡。漢昭帝始元五年（西元前八二年），儋耳郡併入珠崖郡。後因官吏暴虐，引發民眾反抗，至漢元帝初元三年，罷棄珠崖郡（西元前四六年），對海南實行遙領統治。

南朝梁武帝的大同時期（西元五三五至五四六年），嶺南族涼高太守馮寶與其妻南越族大姓冼氏女冼夫人，請命朝廷，在南海設立崖州，使得脫離朝廷政權近五百八十年的海南島回歸。隋代，因冼夫人助隋統一嶺南有功，得到朝廷厚封，即譙國夫人。

從梁大同初年到唐天寶年間，馮冼家族及子孫後代為南海地區的統治者。馮寶之孫馮盎於唐朝武德五年（西元六二二年），向唐內附。唐高祖把他的領地分為高州、羅州、春州、白州、崖州、儋州、林州、振州等八個州（其中的崖州、儋州、林州、振州在海南島），任命馮盎為上柱國、高州總管，封吳國公，不久後改封越國公。是以，在唐代，南海不少州縣地方官都是馮盎的後代。

註三〇：豐田，可能是日本姓氏；或許當時海南已經與日本有往來，才知道此姓。

註三一：西元六二〇年七月，僧法明等撰《大雲經》四卷，說武后是彌勒菩薩化身下凡，應作為天下明主。武后下令頒行天下，命諸州各置「大雲寺」一所，乃是武則大為篡唐前抵擋各種輿論所預做的準備，卻因而促使了大唐時期的佛教興盛。

唐代時，海南只在南設振州，北置崖州，佛教文化這才正式進入海南。鑑真來到海南時，武則天已死去五十年了，孤懸海外的海島兩州之大雲寺也早已塌落。鑑真之父也是在揚州的大雲寺受戒，鑑真自己成為沙門後也編籍於大雲寺。

註三二：萬安州，唐朝時設置的州。貞觀五年（西元六三一年），以崖州平昌縣分置萬安縣（今海南省萬寧市北），隸屬瓊州。龍朔二年（西元六六二年）設萬安州，下轄萬安、陵水、富雲、博遼四縣，約為今海南省萬寧、陵水、瓊中三市縣和保亭縣東部地區。

註三三：在馮崇債管轄區下，海南出了兩個大海盜，一個叫陳武振，一個叫馮若芳。兩人均以搶奪外國的商船、尤其是波斯商船為業。馮若芳亦為海南馮氏家族後裔。

註三四：乳頭香，即乳香，別稱滴乳香、熏陸香、馬尾香、塌香、西香、天澤香、摩勒香、多伽羅香、浴香、馬思答吉、杜嚕香。

註三五：蘇芳木，又稱蘇木、蘇枋木、俀木、蘇方、番仔刺樹，用途為藥材與染劑，相關歷史記載，為重要的紅色染料，人類使用它來染色已有數千年歷史。

註三六：崖州，在《唐大和上東征傳》為「岸州」，但唐無岸州。為中國南北朝時設置的州。南朝梁大同年間（西元五三五至五四六年）置，治所在義倫縣（今海南省儋州市西北），由廣州都督府統治。隋朝大業三年（西元六〇七年），改崖州為珠崖郡。唐朝武德四年（西元六二一年）改珠崖郡為崖州，治所於舍城縣（今海南省海口市瓊山區東南）。管轄境相當於金有南海口、文昌、瓊海、瓊山、定安、澄邁等地。天寶元年（西元七四二年）改為珠崖郡。乾元元年（西元七五八年）復舊。

依據《唐大和上東征傳》記述，當時崖州一帶風俗，謂：「十月作田，正月收粟，養蠶八度，收稻再度。男著木笠，女著布絮。人皆雕蹄，鑿齒繡面，鼻飲，是其異也」。意即，當地風俗民情為：十月耕作，正月收成；一年養蠶可收八次；每年稻穀可收成兩次，有別於江南一帶一年僅能收一次。男人穿戴的衣物是木皮編織的，如蓑衣般用以避暑防水；女人則是穿著棉衣。另外，當地的人有紋身黥面，穿鑿牙齒，以及用鼻飲水等特殊風土民情。

註三七：遊奕大使，即「招討遊奕使」之簡稱，乃地方巡邏官。遊奕亦為「遊弋」，巡邏的意思。《舊唐書》卷四十一〈志二十一．地理四〉：「貞觀五年十月，嶺南節度使李復奏曰：『瓊州本隸廣府管內，乾封年，山洞草賊反叛，遂茲淪陷，至今一百餘年。臣令判官姜孟京、崖州刺史張少逸，並力討除。今已收復舊城，且令降人權立城相保，以瓊州控壓賊洞。請升為下都督府，加瓊、崖、振、儋、萬安等五州招討遊奕使。其崖州都督請停。』」

註三八：武后下令頒行天下，命諸州各置大雲寺一所。在唐玄宗時期，以其創造「開元盛世」，故下詔命諸州各置之寺改為「開元寺」。

註三九：益知子，像小棗子，果實兩端尖，果核為黑色，果皮為白色，可食用及入藥。

註四〇：拘蒁，香橼，為芸香科柑橘屬植物。秋季果實成熟時採收。趁鮮切片，除去種子及瓤，晒乾或低溫乾燥。具有理氣寬中、消脹降痰之功效。

註四一：迅速地將造寺所需的木材與支援的奴工送到崖州，以馮別駕的居住地點、統轄權限與財力，似乎無法承擔。因此，另有一說，這些龐大的人力物力資源，應該來自於海盜馮若芳；包括日後鑑真第六次東渡計畫所帶的檀香木以及種種物資，也可能都有馮若芳的資助。

註四二：始安郡，為一縣名，西漢置，唐高祖改始安郡為桂州。唐玄宗天寶元年（西元七四二年），改桂州為始安郡。始安郡領十縣：臨桂、理定、靈川、陽朔、荔浦、豐水、建陵、純化、永福、臨源。治所為今廣西桂林市。

註四三：馮古璞，為當時的始安郡都督，在《唐大和上東征傳》記載其管轄有七十四州。但如前引用《舊唐書》資料，可知當時始安郡的都督僅管理十七州；但因經過多年，作者回憶資料不是那麼精準，應該是形容其管轄範圍甚大，對大和上卻如此恭敬，藉此襯托出大和上在當時受人敬重的程度。

註四四：據《彌勒下生經》云，釋迦牟尼佛授記為「一生補處」的彌勒菩薩，往生後於兜率天之內院修行，將繼釋尊後於人間成佛。《阿含經》便有上生彌勒淨土或兜率淨土的思想，修習佛法者可發願往生後投生彌勒淨土，於內院中繼續向彌勒菩薩修習佛法；後世高僧如道安、玄奘、虛雲、太虛等大師，都發願往生此處。

註四五：大庾嶺，又稱梅嶺、庾嶺，為五嶺之一，位於江西、廣東兩省的邊境，是廣東與江西的交通咽喉。

註四六：東晉太和元年（西元三六六年），光祿卿潯陽陶範於廬山為慧永法師建西林寺。東晉太元八年（西元三八三年），慧遠大師依約來廬山，擬偕慧永法師往廣東羅浮山潛修，見廬山清靜足以息心，便留住龍泉精舍，後移居西林。太元九年（西元三八四年），桓伊任江州刺史，接受慧永提議，為慧遠建東林寺。太元十一年（西元三八六年），東林寺建成，慧遠自此居東林寺。

慧遠自我要求極嚴，許多僧人慕名而遠道前來依附，廬山形成了以慧遠為中心的廬山僧團，與北方鳩摩羅什的僧團相呼應，廬山與長安並為佛教重鎮。慧遠的廬山僧團主要弘揚淨土。

註四七：瓦官寺又名「瓦棺寺」，因廟址原為官府管理陶業之處而得名。始建於東晉興寧二年（西元三六四年），為南京地區最古老的佛寺之一。天台宗智者大師曾於陳光大元年（西元五六七年）至太建七年（五七五年）居於瓦官寺，並在此弘揚禪法及天台宗教理；因此，瓦官寺也被尊為天台宗祖庭。

註四八：晁衡（西元六二八至七七〇年），日本奈良時代來到中國的留學生，日本名字為阿倍仲麻呂。開元五年（西元七一七年，日本養老元年）隨遣唐使到中國，同行者有玄昉、吉備真備等人。同年九月到達長安，入太學學習；後中進士第，在唐歷任司經局校書、左拾遺、左補闕、祕書監兼衛尉卿。擅長吟詩與文學，與大詩人王維、儲光義、李白等人都是好朋友。唐玄宗非常喜愛他的才能，賜名晁衡（另一說為自行改名）。來中國二十一年時，請求朝廷讓他回日本，但唐玄宗不允許。天寶十二載（西元七五三年），隨遣唐使藤原清河使船東歸，途中遇暴風，漂流至安南（即今越南）；歷經一年多，輾轉再返長安。當時誤傳其與藤原清河一起遇難，李白曾以〈哭晁卿詩〉悼念他。後歷官左散騎常侍、安南都護，最後埋骨長安。

註四九：法進法師，乃鑑真大和上的大弟子；到日本後，鑑真大和上被任為大僧都，法進被任為律師。據《梵網戒本疏日珠鈔》載，法進之後亦曾任大僧都。日本國戒律始祖鑑真大和上為戒壇第一大和上，法進法師為第二大和上，如寶法師為第三大和上。

註五〇：曇靜法師，據《類聚三代格》載，法師赴日後擔任戒師，並設立放生池。

註五一：台州開元寺，即是現在的浙江台州市臨海龍興寺，建於西元七〇五年（唐神龍元年），原名神龍寺。西元七〇二年（景龍三年）改為龍興寺；西元七三五年（開元二十六年）重建，改名開元寺；西元一二二八年整修興建之後，又改回龍興寺之名。

註五二：思託法師，為《大和尚傳》，《延曆僧錄》等書的撰述者，並是六次追隨鑑真大和上東渡的法師之一。

註五三：胡國乃唐朝時對中亞諸國的稱呼，範圍指的是帕米爾（蔥嶺以西，波斯以東）及興都庫什山（大雪山）以北、楚河（碎葉水）以南的地區。

註五四：安如寶，為西域人，隨鑑真赴日時，僅是近人，尚未出家受戒，赴日後才出家受戒。據《三國佛法傳通緣起．律宗瓊鑑章》所載，鑑真大和上圓寂前將唐招提寺的事務託付給義靜、法載與如寶等三位僧人。如寶法師，亦曾任唐招提寺少僧都與日戒壇第三大和上。

註五五：關於崑崙國，《舊唐書》有如下記載：自林邑以南，皆捲髮黑身，通號為崑崙。其中所說的「崑崙」，應指越南以南的馬來半島、爪哇、蘇門答臘一帶。

註五六：瞻波國，古國名，為中印度四國——伊爛拏鉢伐多國、瞻波國、羯朱嗢只羅國、奔那伐彈那國——之一。

註五七：藤原清河與阿倍仲麻呂的第一艘船，在遇到颶風後漂流到當時的安南驩州（今越南河靜省和乂安省南部），船上一百八十多人，幾乎九成以上被土著殺害；藤原清河與阿倍仲麻呂則逃過一劫，兩人輾轉回到中國，在中國為官，終老於長安。

第四章　在日弘法的經過與貢獻

朕造此東大寺經十餘年，欲立戒壇傳受戒律；自有此心，日夜不忘。今諸大德遠來傳戒，冥契朕心；自今以後，受戒傳律，一任大和上。

鑑真應當時日本國家社會的種種需求，接受日本僧人邀約到日本弘法；雖然過程一波三折，經歷了十二年的努力，信守承諾的鑑真終於踏上日本國土。

普照法師與榮叡法師當初受隆尊法師囑咐，至中國邀請律師赴日，是為了阻止日本佛教界的亂象，以及讓日本僧人能得到完整的受戒傳承。當時約為西元七三二年（日本聖武天皇天平四年），因為國家強力支持與鼓勵，寺院財富不斷增加，寺院兼併很多百姓的田地；許多百姓因為生活困難，為了逃避苛稅，不僅擅自出家，還到處流竄。為了阻止這般亂象，國家十年來連續頒布了幾十道律令，卻都沒能產生效果。

僧尼墮落的行為讓當政者十分憂慮。朝廷編頒的「僧尼令」，規定僧尼應遵守法律的規定；這樣的制度下，雖然僧尼的惡行變少，但所採取的並不是以佛教戒律軌範僧尼。

當時，日本佛教的僧尼因為沒有三師七證——三師是指：授戒的戒和尚、主持授戒儀式的羯磨、和教授戒律威儀的教授師；除三師之外，還須有七個以上作證的比丘，所以無法受具足戒，而是採「自誓受戒」，接受三聚淨戒，此乃在邊地（佛法不興之地）受菩薩戒的權宜方法。

朝廷希望以佛法的戒律約束僧尼行為，讓僧尼能受完整的比丘、比丘尼具足戒，不用再靠國家律令的壓制，而能自發地依照佛教的戒法來過出家人的合宜修行生活；因此，從大唐邀請傑出的戒師是當務之急。

此外，召請戒師傳戒還有一隱而未顯的因素：統治者希望，日僧在如法受戒後，誦經祈福的「法力」能與他國僧侶並駕齊驅。就朝廷的立場而言，此乃統治者為使管理國家能更加順利的私心，對受戒與戒律的意義就較不在乎。這分統治者的私心，由朝廷較為重視如法如律的受戒儀式、較不重視鑑真想推動之徹底整頓戒律修學環境的計畫可以看出。

鑑真及其弟子於西元七五三年（日本聖武天皇天平勝寶五年）年底到達日本，距離普照法師與榮叡法師奉派前往中國的時間約莫已經過了二十年光景。雖然佛教界的問題以及天皇的想法，因時空背景的改變，人、事、物都已經產生很大的變化；然而，那時的日本天皇仍十分尊崇佛教，而且對鑑真不畏艱難、冒著生命危險來到日本的精神十分感佩；所以，大和上到日本後仍受到日本朝野上下的熱烈歡迎。

鑑真於西元七六三年（天平寶字七年）在唐招提寺圓寂，在日本弘法時間前後約十年，帶給日本的佛教與社會很大的影響。

本章主要闡述的內容為鑑真在日本十年的主要弘法經過與影響。第一節為天皇受戒部分，說明鑑真初到日本時受到皇室的隆重接待，以及皇室何以要受戒的理由。

第二節為，鑑真在日本弘法所面臨的的阻礙；其中將說明鑑真帶至日本的受戒方式，如何受到當地一些受舊戒（自誓受戒）僧人的質疑，以及鑑真與皇室互動狀況轉變之背後所帶來的影響。

第三節則談鑑真在日本建立的戒壇與寺院，主要說明大和上創建戒壇、建寺，以及建立日本律學的經過。

第四節簡介鑑真及其弟子對於天台宗、真言宗與淨土宗在日本弘傳的影響。

到達日本，備受禮遇

鑑真一行人於西元七五三年（日本聖武天皇天平勝寶五年）年底到達日

本。過年後，西元七五四年（日本天平勝寶六年），副使大伴古麻呂等四位副使先行到奈良向天皇稟報鑑真一行人來到日本傳戒的事。

是年二月一日，鑑真經由水路前往奈良晉見日本天皇。途中，他們經由瀨戶內海來到達難波（即今大阪），在達難波受到已在此弘法多年的中國出家人崇道法師親切接待。

兩天後，弘法團接著到達河內國（即今奈良縣），鑑真在日本受到朝野盛大歡迎。天皇還下詔：

大德和上遠涉滄波來投此國，誠副朕意，喜慰無喻。朕造此東大寺經十餘年，欲立戒壇傳受戒律；自有此心，日夜不忘。今諸大德遠來傳戒，冥契朕心；自今以後，受戒傳律，一任大和上。

鑑真在日本弘法，主要是皇室的支持；歷經千辛萬苦，終於抵達日本，受到日本天皇的熱烈的歡迎，場面盛大。（註一）這代表天皇對佛教與鑑真的尊崇，也開啟了鑑真在日本弘法的序幕。

日本天皇賦予鑑真「受戒傳律，任大和上」的重要任務，意味著從當下開始，將佛法傳播的重任賦予大和上，也代表著日本天皇對鑑真十分尊重，並感謝他不遠千里而來。

受到熱烈歡迎後，初抵日本的眾僧在東大寺安單，也開始了日本的弘法事業。四月份，鑑真在東大寺的臨時戒壇為日本天皇、皇后、太子等人授菩薩戒；此次受菩薩戒者四百四十餘人。

帝王受菩薩戒的意義

鑑真在東大寺的第一次傳戒，即為日本天皇、皇后、太子及日本官員等人授菩薩戒。

何以日本的天皇與皇室要受菩薩戒？

鑑真赴日弘法時，佛教為中國與日本兩國的重要文化交流之橋梁，甚至可視為先進文化的代表。日本天皇想藉由佛教的傳播，將中央的統治力量影響到地方，排除舊有世族社會的障礙，建立新的國家體制；他希望自己如佛教中的轉輪聖王，福慧雙全，可以無有障礙地統領國家。聖武天皇創建東大寺，即受華嚴思想的啟示。例如，華嚴教系的《梵網經》云：

我今盧舍那，方坐蓮華臺。周匝千華上，復現千釋迦；一華百億國，一國一釋迦各坐菩提樹，一時成佛道……

依華嚴思想，盧舍那佛即是本尊，釋迦如來是化身。聖武天皇以東大寺象徵國都，以東大寺的本尊象徵天皇；國分寺象徵諸侯國，以國分寺的釋迦象徵各諸侯國主。

《梵網經》又云：

佛言，若佛子欲受國王位時，受轉輪王位時，百官受位時，應先受菩薩戒，一切鬼神救護王身、百官之身，諸佛歡喜；既得戒已，生孝順心、恭敬心。

「受菩薩戒儀式」，對一位要用佛教信仰教化天下的轉輪王而言非常重要。因為，《梵網經》云，轉輪王及其百官都要行「受菩薩戒儀式」才能正式登上轉輪王位及佛教百官位。又，從菩薩十波羅夷戒（註二）可以看出，要藉由菩薩道的修行道路，成為與轉輪聖王同樣具足福德圓滿的統治者，發願受遵守菩薩戒的要求是很重要的。

因此，「受菩薩戒儀式」顯然就是轉輪王建立佛國之前必須舉行的最重要儀式；完成此儀式之後，轉輪王及其百官便能正式地用佛教建國，或稱其國為佛教國家。

曇無讖將《菩薩戒經》傳入北涼的原因，就是因為他要為北涼涼王蒙遜及其百官舉行「受菩薩戒儀式」，讓後者因此能正式地以轉輪王的姿態統治北涼，並建立佛國。

日本孝謙天皇（女天皇）明白持戒的重要性，也希望以佛教菩薩道的精神統治他的國家，期許自己成為轉輪聖王般的明君；因此，在鑑真抵達奈良不久就發心受菩薩戒。

此次的受戒儀式，在東大寺盧舍那殿前築了一臨時戒壇舉行，受戒的人包括聖武太上天皇、光明皇太后、孝謙天皇及諸中大臣。值得一提的是，聖武太上天皇及孝謙天皇的退位雖然與當時的政局不穩定有關；然而，他們退位後都出家為僧。由此或更可看出他們期盼自己能以佛教菩薩道治國，成為如轉輪聖王般的明君。

在日本傳戒受到的阻礙

鑑真抵達日本時受到熱烈歡迎，在天皇支持下積極弘傳正統的比丘受戒方式，因此引發以舊有受戒方式「自誓受戒」的僧人抵制。當時，日本皇室正處政治鬥爭階段，大臣攬權，皇權極不穩定。

到日本後擔任大僧都職務的鑑真，在這些政爭中受到一些影響，因而卸下大僧都的職務。但是，塞翁失馬，焉知非福，鑑真藉此將心思全部放在律法的弘傳，讓弘法的工作更為落實。

與受舊戒僧人辯論

孝謙天皇下旨：「自今以後，受戒傳律，一任大和上。」鑑真身為律宗高僧，負起以佛門律儀規範日本僧眾的責任，矯正日本社會當時為逃避勞役賦稅而託庇於佛門的現象。

由於鑑真所傳授的比丘、比丘尼戒，有別於過去日本僧人熟悉的「自誓受戒」，需有三師七證，這引起了日本本國派的質疑，尤其是興化寺的賢璟法師等人，激烈反對。

所謂「自誓受戒」，據《梵網經》云：

若佛子，佛滅度後，欲心好心受菩薩戒時，於佛菩薩形像前自誓受戒，當七日佛前懺悔，得見好相便得戒。若不得好相，應二七、三七乃至一年，要得好相；得好相已，便得佛菩薩形像前受戒。若不得好相，雖佛像前受戒，不得戒。若現前先受菩薩戒，法師前受戒時，不須要見好相。何以故？以是法師師師相授故，不須好相。是以法師前受戒即得戒，以生重心故便得戒。若千里內無能授戒師，得佛菩薩形像前受戒，而要見好相。

根據《梵網經》所述，自誓受戒乃是，身處缺少具資格之法師傳戒的邊地時，可在佛菩薩前懺悔求戒，懺悔自己福德不具足，不在佛法興盛的中國（佛法盛地）出生，以及懺悔自己往昔所造的不善業；懺悔後若見到佛菩薩現身，則可以在佛菩薩面前受菩薩戒。

在鑑真尚未到達日本前，因為沒有具格的傳戒法師，算是佛法的邊地，適用《梵網經》中所說的自誓受戒。日本僧人將自誓受戒用於菩薩戒中，只要自誓受戒，在佛前宣誓遵守佛規，承認自己是僧侶的身分，就可以成為出家人。這種方式沒有特別的限制，聽憑自己的意志決定；這種受戒方式有很多弊病，且僅在邊地才能採此方式。

鑑真所傳之正統的佛教受戒方式，則需經歷三壇大戒（註三），才能成為正式的僧侶。新的受戒方式，引起日本當地受舊戒僧人的極大反彈。反對的僧人主要是福興寺的賢璟法師，以及志忠法師、靈福法師、曉貴法師等人；由於他們算是當地具有影響力的僧人，有這樣的反彈正是反映當地出家眾的想法。

鑑真認為，若要讓當地出家人接受他所帶去的戒律思想與制度，首先必定要讓賢璟法師等人接受。鑑真決定，與他們進行一次公開辯論。

在辯論中，賢璟法師等人的主要依據，還是經典中的菩薩戒所提出之在佛法邊地中可以自誓受戒；但是，對於佛教中對具足戒的規定，日本僧人們顯然並不清楚。最後，鑑真雖然做出讓步，承認「自誓受戒」仍可存在，但堅持在具足戒方面必須要有三師七證。

結果，賢璟法師等人皆被折服，捨棄舊戒；捨舊戒所受戒、再稟受具足戒者，有八十餘人。

所謂「危機即是轉機」；由於辯論成功，鑑真在辯論成功後，得到賢璟法師為首的僧侶之支持，正規的戒法傳授迅速普及，為奈良佛教界注入一股新的穩定力量。

大和上與皇室關係轉變及影響

經過殷殷期盼，一位具格的傳戒大師終於到達日本。到達日本後，鑑真受到天皇的支持，順利展開弘揚佛法的大業；鑑真於是在東大寺中起壇，為聖武、光明皇太后、孝謙天皇、皇族和官員、僧侶約五百人授戒。西元七五六年，鑑真被封為「大僧都」（註四），擔任統領日本僧尼的要職，在日本建立了正規的戒律制度。

然而，西元七五八年，作為鑑真最主要支持者的孝謙天皇在宮廷鬥爭中失勢，被迫傳位給淳仁天皇。鑑真也隨之遭受到排擠。（註五）鑑真當時也不想捲入日本朝廷的政治鬥爭，因此以「身體不好，年事已高，想專心傳授戒律」為由，向朝廷提出辭去大僧都職務的請求。

西元七五八年，淳仁天皇順勢下旨，便稱：

大僧都鑑真和上，戒行轉潔，白頭不變；遠涉滄波，歸我聖朝。號曰「大和上」，恭敬供養。政事煩躁，不敢勞老，宜停僧綱之任，集諸四僧尼欲學戒律者，皆屬令習。

就這麼，天皇以「不敢勞老」為由，解除了鑑真「大僧都」一職。解除鑑真大僧都職務的淳仁天皇，雖然不再如孝謙天皇那般支持鑑真；不過，從詔書的內容可以感受，天皇對大和上仍然十分尊重。然而，當時朝廷積弱不振，掌權的官員與朝廷之間，因為權位的爭奪與治理國家的理念不同，而造成國家動盪不安。

鑑真願意赴日弘法，最主要的目的是為了讓正統的佛教戒律在日本落地生根，也希望佛法能在日本更能廣為弘揚；所以，面對政權的不穩定，他毫不眷戀地捨去僧綱之職，以期能更專心在律法的弘傳。

鑑真辭退僧綱之職後，並沒有停下弘法傳戒的工作，反而更可專心投入，讓其來日本所發的願心得更以落實。加上唐招提寺的建立，來往的僧人得以安頓，弘法的工作得以更為深耕。

建立戒壇與寺院

西元七三三年（日本天平五年），聖武天皇派僧人榮叡、普照隨遣唐使至中國留學，並邀請佛教律師之日本傳授戒律。

最先至日本傳授律學的唐僧，是洛陽大福寺的道璿法師（西元七〇二至七六〇年）。他在奈良大安寺四周為日本僧人講授戒律；但因未具足三師七尊證，雖然道璿律師精通律學，仍然無法設立戒壇傳戒。如日本僧人凝然在其著作《三國佛法傳通緣起》記載：「道璿律英雖先來朝，僧眾不足，不能秉行結界登壇受具戒法，啻恆講敷律藏而已。」

直至鑑真於西元七五三年來到日本，這才具足設立戒壇的因緣。

建立戒壇

鑑真東渡之後，被天皇奉為國師，所有日本僧人必須受戒。因此，以奈良的「東大寺」為主戒壇（中央戒壇），並於栃木市「下野藥師寺」設立「東戒壇」（已毀，現僅存寺跡），於太宰府的「觀世音寺」設立「西戒壇」，此三地號稱「日本三大戒壇」。之後百年，日本想成為僧人者，必須到此三大戒壇中的一個受戒。

一、東大寺戒壇院

鑑真於西元七五三年（天平勝寶五年）到日本，隔年為聖武太上皇等僧俗受戒，創日本天皇受戒之始，所用的戒壇式乃是在大殿前臨時建造。東大寺戒壇院是後來為傳僧戒所建的。

西元七五五年（天平勝寶七年），鑑真搬移佛殿前臨時戒壇的泥土，依照道宣律師所著的《戒壇圖經》，於大佛殿的西側建造東大寺戒壇院。

東大寺戒壇院為日本三大戒壇之首，其多寶塔中央所供養的釋迦如來與多寶如來是鑑真從唐朝請來的。此戒壇院，重疊三層，代表菩薩戒中的三聚淨戒（註六）。僅採準中國式，受戒時需三師七尊證。

二、下野藥師寺戒壇院

此戒壇位於今日栃木線河南內町，是關東地區的傳戒中心；採準邊地式，受戒時需有三師二尊證。

三、觀世音寺戒壇院

此為太宰府筑紫觀世音寺戒壇院，位於今九州島福岡縣。鑑真於西元七五三年由中國東渡日本時，十二月二十日由薩摩國海邊港灣（即鹿兒島）上岸，十二月二十六日即到達太宰府的觀世音寺，便為日本的僧人受戒，隔年（西元七五四年）才入住奈良東大寺。因此，鑑真到日本後，最早為日本僧人進行受戒的的地方，其實是太宰府觀世音寺。

七年後（西元七六一年），才在太宰府觀世音寺西南邊建立「西戒壇」，是關西地區的傳戒中心。採準邊地式受戒時，需有三師二尊證。

建立唐招提寺

經過與在地僧人賢璟法師的辯論後，鑑真受到日本當地具領導地位之僧侶支持，使得他在奈良的戒律弘傳變得順利。各地僧侶紛紛來到奈良，向鑑真請教戒法，以及求受如法如律的新戒。

由於奈良地區之寺院並沒有提供外地前來修學者安單的所在；因此，前來求法的僧侶無法獲得安頓，不利長期學習，進而影響律學的傳布效果。

為了安頓僧眾，孝謙天皇於西元七五七年（天平寶字元年）將在位於備前國（今日本岡山縣）的一百町水田賜給東大寺的唐禪院作為「十方眾僧供養料」，也就是四事供養之糧食與經費的來源。

雖然有了四事供養，但居住問題仍然沒有解決；所以，鑑真想在這水田處蓋一座唐式建築的寺院，提供往來修學律法的十方僧眾安單，但這個計畫沒有實現。

西元七五八年，淳仁天皇雖然下旨解除了鑑真「大僧都」一職，但將一品新田部親王（註七）之舊宅的土地賜給鑑真。次年，鑑真與弟子在該官邸興建一座唐式佛寺，讓來此學習戒律的僧人有安單之處。淳仁天皇賜名「唐招提寺」，鑑真則從東大寺遷居至此。（註八）

唐招提寺的含意，便彰顯了其建寺的目的。「唐」之意為，希望日本戒律能像唐朝一樣，如法如律的傳承佛陀的戒法；「招提」為梵文 Caturdisya 的省略音譯，意為「四方」。寺名之意即為，作為四面八方前來學習戒律之僧眾的安單處所。

淳仁還下旨，令日本僧人在受戒之前必須前往唐招提寺學習，使得唐招提寺成為當時日本佛教徒的最高學府。由於鑑真為日本律宗的始祖，唐招提寺仍為日本律宗的總本山。

東渡所攜的律學典籍

鑑真雖然主要是傳承南山律宗，其赴日時所攜帶的律宗經籍，則涵蓋了唐朝前期主要的三大律宗——包括道宣律師的南山律宗、法礪法師的相部派、以及懷素律師的東塔派。依據《唐大和上東征傳》記載，鑑真所攜帶的律宗相關典籍如下：

《四分律》一部六十卷；法勵師《四分疏》五本各十卷；光統律師（註九）《四

分疏》百二十紙、《鏡中記》二本；智周師（註一〇）《菩薩戒疏》五卷；靈溪釋子（註一一）《菩薩戒疏》二卷……《明了論》（註一二）一卷；定賓律師（註一三）《飾宗義記》九卷、《補釋飾宗記》一卷、《戒疏》二本各一卷；觀音寺亮律師（註一四）《義記》二本、十卷；南山宣律師《含注戒本》一卷及疏（註一五）、《行事鈔》五本（註一六）、《羯磨疏》等二本（註一七）；懷素律師《戒本疏》四卷；大覺律師《批記》十四卷（註一八）……終南山宣律師《關中創開戒壇圖經》一卷（註一九）。

從引文中可以清楚看出，雖然典籍涵蓋三家主要律宗派別的著作，但仍以道宣律師所屬之南山律宗的著作最多；此乃因為，南山律宗為當時的主流派別，且鑑真傳承的法脈也是以此派為主。

值得一提的是，定賓律師乃相部宗的傳人，又為日僧榮叡法師與普照法師在中國受具足戒的得戒和尚，並與其學習《四分律》。

鑑真及弟子對戒律弘揚的貢獻

鑑真所組的弘法東渡團人才濟濟，除了大和上對於日本佛教有很大的貢獻外，鑑真圓寂後，他的弟子法載法師、義靜法師、如寶法師等持續在唐招提寺弘傳戒律。

日本當時有三個重要戒壇：東大寺戒壇、下野藥師寺戒壇、筑紫觀音寺戒壇；日本的出家人要登上其中一個戒壇受三壇大戒，才能成為大僧人；其弟子法進法師，後來即統領東大寺的戒壇。師徒對日本佛戒律弘傳的影響與貢獻之大，由此可見。

鑑真領軍的弘法團，在日本戒律的弘傳的具體內涵為何？除了前面所說的設戒壇傳戒外，唐招提寺的興建亦是一個重大的弘傳轉捩點。唐招提寺興建後，在戒律的弘傳部分有頗大建樹，具體內容在《唐大和上東征傳》裡有一段描述：

時有勅旨，施大和上園地一區，是故一品新田部親王之舊宅；普照、思託請大和上以此地為伽藍，長傳《四分律藏》、法勵《四分律疏》、《鎮國道場飾宗義記》、《宣律師鈔》，以持戒之力，保護國家。大和上言：「大好」。即寶字三年八月一日，私立唐律招提名，後請官額，依此為定；還以此日請善俊師講《件》、《疏》、《記》(註二〇)等，所立者今唐招提寺是也。初大和上受中納言從三位冰上真人之延請，就宅竊嘗其土，知可立寺。仍語弟子僧法智：「此福地也，可立伽藍。」今遂成寺，可謂明鑒之先見也。大和上誕生象季，親為佛使。經云，如來處處度人，汝等亦斅如來，廣行度人。大和上既承遺風度人逾於四萬，如上略件及講遍數。唐道璿律師請大和上門人思託曰：「承學有基緒，璿弟子閑漢語者，令學《勵疏》并《鎮國記》，幸見開導」。僧思託便受於大安唐院，為忍基等四、五年中研磨數遍。寶字三年，僧忍基於東大唐院講《疏》、《記》，僧善俊於唐寺講《件》、

《疏》、《記》，僧忠慧於近江講《件》、《疏》、《記》，僧惠新於大安塔院講《件》、《疏》、《記》，僧常巍於大安寺《件》、《疏》、《記》，僧真法於興福寺講《件》、《疏》、《記》。

淳仁天皇賜予鑑真一品新田部親王之舊宅的土地時，日僧普照法師、鑑真的弟子思託法師等人，希望鑑真能在此地建一寺院，長傳戒律重要典籍《四分律藏》、法勵（礪）《四分律疏》、《鎮國道場飾宗義記》（註二一）、《宣律師鈔》，也就是希望能建立以弘揚戒學為主要的道場。

他們所計畫弘揚的律法，僅有道宣律師的南山律宗、法礪法師的相部派，並不包括懷素律師的東塔派；換言之，他們所傳的《四分律疏》，乃是法礪法師的舊疏，捨去懷素律師的新疏。

何以弘法團會捨棄懷素律師的新疏？此乃因為，日僧榮叡法師與普照法師在中國受具足戒的得戒和尚為定賓律師，並與其學習《四分律》。定賓律師為維護相部宗法礪對四分律注疏的說法，著有《破迷執記》，對於懷素律師新疏予以破斥。

弘法團主要成員普照法師在《四分律》的注疏部分，必然以法礪法師舊疏為主要依據，而鑑真所傳之律學又主要是南山律宗及相部宗。從這樣的因緣來看，不難理解，何以鑑真所率領的弘法團將三家的注疏皆攜帶赴日，但弘揚時仍以南山律宗及相部宗為主。

由於鑑真認為自己是在佛教的像法時期（象〔像〕季）出生（註二二），所以他必須努力弘揚佛法，不然很快就要進入末法時期。因此，他在中國時就努力弘法，經由講戒傳法便度化四萬多名的僧俗二眾。繼而赴日弘法，在獲得唐招提寺的建寺土地後，大和上與弟子就一起規劃建造寺院。

雖然，鑑真在寺院尚未完成時就圓寂了；但是，他與弟子所規劃之寺院建築風格、弘傳佛法的方向，並沒有因為大和上圓寂而改變。跟隨鑑真赴日的弟子思託等人，在鑑真圓寂後，負起將唐招提寺依原先的規劃完成之重任。

唐招提寺對日本文化的影響

不僅為日本佛教思想、佛教律法奠定基礎，鑑真於西元七五九年創建的唐式寺院唐招提寺，對日本寺院建築、佛像雕刻，甚至是文化體制方面皆具有深遠的影響。

對建築與佛像雕刻的影響

佛教初傳日本，體現出日本佛教發展的兩個重要特徵：一是明顯的「中國風」，二是與日本皇室貴族有密切相關，尤其體現在佛教建築方面。

聖德太子時期，得聞中原王朝「大隋官制完整，國勢強盛，篤信並保護佛法」，遂效法「西海菩薩天子」隋文帝崇信三寶，在境內弘揚佛教，派遣「遣隋使」學習中土佛法，大肆引入中國佛教建築建設佛寺，創造了以佛教文化為典型特徵的飛鳥文化。

在皇室的推動下，並以「中國化」為目標的引導下，日本早期佛寺大多仿照中國六朝時期的寺院建築樣式，如法隆寺的三重塔、金堂中的淨土世界壁畫、釋迦牟尼佛及藥師佛等繪畫和雕塑，均明顯地吸收了中國南北朝的佛教藝術風格。

鑑真到平城京後，為傳戒需要，首先興建三大戒壇，更於西元七五九年開始建造唐招提寺；雖然完工時鑑真已經圓寂，但仍按照鑑真與弟子之共同設計而興建。

當時的主建築，為靠近南大門的金堂，這是一幢單檐廡殿頂的宮殿式建築，以石為臺基，採用木結構建築，夯土築造圍牆，由鑑真的弟子如寶法師鳩工（聚集工匠）興建，大約於西元七七六年（光仁天皇寶龜七年）竣工。金堂北邊是講堂，為鑑真講經說法的地方。據說，鑑真創建唐招提寺之初，朝廷將平城宮的東朝集殿賜予該寺，遷築而成為講堂，也是現存之平城宮遺留的建築物之一。講堂內主祀彌勒菩薩像，有一字排開的內柱，將佛像與參拜空間予以區隔。

《唐大和上東征傳》記載，西元七六三年（唐代宗廣德元年，淳仁天皇天平寶字七年）五月六日大和上圓寂前，其弟子忍基「夢見講堂棟梁摧折，寤而驚懼，知大和上遷化之相也」，可窺知講堂之原建築的梁柱特色。

唐招提寺十分宏偉，因此建成之初被譽為「海東無雙大伽藍」、「絕塵名剎」，也成為日本奈良時代平城京的建築特色。

可以說，鑑真及其弟子為日本留下的不僅是唐招提寺，而是所隱含的唐朝文化資產。因此，現今許多唐代仿製建築，多為參考日本奈良時代建築，唐招提寺更是研究唐代建築的最佳文化遺產。

唐招提寺的佛像及佛像雕塑技術隨著弘法團傳來日本，對日本後世在佛雕像風格與技術有很大的影響。寺內供奉之梵天、帝釋天、四大天王，乃鑑真東渡時所帶來之木心乾漆的雕刻品。

鑑真在唐招提寺內入滅之前，據《唐大和上東征傳》記載，在前述忍基之夢境後，認為大和上即將圓寂，所以「仍率諸弟子模大和上之影」，弟子為鑑真膜影，立夾漆像，傳世至今。這樣的技術，就是乾漆夾紵法（註二三）。

除了鑑真大和上的塑像外，還有唐招提寺金堂的盧舍那佛坐像，也是以乾漆夾紵法製成的。

唐招提寺的佛像運用中國引進之木心乾漆雕刻和乾漆夾紵這兩種主要的製造方式，為日本佛像的製成開創出有別於前代的唐招提寺風格，堪稱天平時代的經典作品。

對日本佛教的影響

鑑真及其弟子們苦心經營，設計、修建了唐招提寺。此寺興建後，在戒律的弘傳方面有極大建樹。如《唐大和上東征傳》所云：

從此以來，日本律儀漸漸嚴整；師資相傳，遍於寰宇。如佛所言：「我諸弟子展轉行之，即為如來常在不滅；亦如一燈燃百千燈，暝者皆明明不絕。」

前揭引文明確指出，因於唐招提寺的興建，經過鑑真與弟子致力於戒律之弘傳，並藉由弟子及再傳弟子的教學與傳播，日本佛教在戒律方面的基礎已經穩固，也逐漸可以脫離對中國佛教在戒法上的依賴，有足夠的師承可傳授戒律。

當時在奈良的日本佛教界，對律法、戒學的掌握也十分純熟，並可以將這股力量向日本各地傳播，即便鑑真在唐招提寺圓寂，但這分力量並沒有停歇，即如引文所說：「如一燈燃百千燈，暝者皆明明不絕。」

得以有這麼大的影響，主要是在興建唐招提寺時，鑑真及弟子們來到日本已有一段時間，對日本當地佛教的問題與當地政治的運作情形已掌握清楚。在佛教的部分，僧人在教理上沒有深化教學，在戒律上缺乏正規律宗的薰陶；至於當時的政治狀況，則是頗為混亂。

鑑真在圓寂之前辭去大僧都之職，不讓自己陷入政治泥淖，專心與弟子一起規劃未來。在唐朝佛教文化基礎上，依據日本當時的文化社會背景需要而創建寺院、廣弘戒律。佛教教學的部分，還為日本各宗派的發展注入關鍵性影響力，使得日本佛教逐漸開始培養出自省力，逐漸不用全然依靠中國佛教界的詮釋。

西元七六四年，孝謙天皇鎮壓了惠美押勝之亂，重新登基。鑑真的弟子思託法師、法進法師等人藉由原來的基礎，受到朝廷的重用，相繼成為「大僧都」，唐招提寺也得以擴建，為日本佛教建築史上的重要軌跡。鑑真所開創的唐昭提寺戒壇，也成為日本佛教僧侶正式受戒的場所，鑑真也因而被尊為日本律宗初祖。

雖然鑑真在日本弘揚戒法並非從唐招提寺的興建開始，但唐昭提寺的興建是一重要的轉折點，讓戒律真正影響到僧團的秩序。日本佛教學者田村圓便說：「在東大寺設戒壇，聖武太上皇、孝謙天皇等上層貴族受戒，鑑真移往唐招提寺；此後，由於戒律，推進了佛教界秩序恢復運動。」

來學戒的僧眾不計其數，而留下「十萬行僧，共住此伽藍」這樣的記載，更可想見當時的盛況。然而，這樣的榮景並非只因為有國家支援的豐盛供養；更重要的是，可以學習到正統的戒法。

其他宗派的弘傳

鑑真到日本之前，道璿法師已經先把禪宗、律宗、華嚴宗帶到日本（註二四），東大寺的建立即是華嚴思想的展現。至於律宗的弘揚，則直到鑑真東渡，才能如法如律地傳戒。

鑑真到日本時雖雙眼失明，仍致力於弘揚佛法；除了傳戒、弘揚律宗外，亦無私地教化十方僧眾。又在東大寺主持抄寫《大藏經》，所抄寫的主要是他從中國帶來的經論典籍；內容除了律宗的典籍外，還有其他宗派的論典，如天台宗的《摩訶止觀》、《法華玄義》、《法華文句》等。鑑真來自人文薈萃的揚州，對其他宗派多有接觸；平安時代所開展的宗派如天台宗、真言宗、淨土宗等，與鑑真多可探究出相關的因緣。

日本的天台宗、淨土宗、真言宗等平安時代發展出的宗派，這些宗派乃繼奈良時代「南都六宗」的三論宗、成實宗、法相宗、俱舍宗、律宗、華嚴宗，成為日本的重要宗派。雖然這些宗派都並不像律宗是鑑真大和上主要的弘揚法門，但間接受鑑真大和上東渡的催化而有新的宗派的衍生。

平安時代南都寺院群開始對政治發揮影響力，桓武天皇為了弱化寺院的影響力，遷都平安京。同時派出學問僧空海及最澄傳入密教及天台宗，天台宗與真言宗分別在比叡山和高野山開闢道場，傳布教新的教派，以新佛教對抗奈良的舊佛教，降低舊佛教的影響力。

鑑真大和上的東渡團帶來的經典、其弟子、再傳弟子對這兩位日本佛教大師的學習有啟蒙作用，讓他們前往中國學習更知道其學習的方向。

天台宗

天台宗又稱法華宗，開始於南北朝末期，是漢傳佛教中最早一個完全由中國佛教法師所創立的宗派。因實際立宗者智者大師（智顗）常住浙江天台山（註二五）說法，故稱天台宗。

鑑真東渡所帶的經典除了帶大量的律宗經典外，其他宗派經典屬天台宗的經籍最多。鑑真所攜帶的天台宗經典包括：《摩訶止觀》、《法華玄義》、《法華文句》、《四教儀》、《釋禪波羅蜜次第禪門》、《行法華懺法》、《小止觀》、《六妙門》等八部天台宗典籍，這些典籍皆為天台宗的重要典籍，顯然鑑真對天台宗有一定的了解。

有學者認為，鑑真的父親向智滿禪師學天台，加上鑑真因地緣的關係離浙江天台山很近，鑑真在赴日前亦曾前往天台山參訪，而推斷鑑真除了持戒、學戒外，天台宗的懺儀與禪法亦是鑑真的重要修持法門。

從現存的資料如《唐大和上東征傳》，並無法看出天台宗的禪法是否真為鑑真所學的禪法；但就天台宗於鑑真赴日前在中國的傳播情形、以及鑑真所攜帶的天台宗典籍來看，鑑真遵照天台教法次第修行的可能性很高。

西元八〇四年（唐貞元二十年），日僧最澄入唐修學佛法，從師道邃法師、行滿法師學習天台宗教義；次年，返國創立日本天台宗。然而，最澄前往中國學習教法的因緣，受鑑真弘法團的影響很大。

最澄早期接受鑑真所帶來的完整具足戒，身受法進法師《沙彌十誡並威儀經疏》所影響，寫下〈願文〉，生起青年僧發自內心的自省與期許：「生時不作善，死日成獄薪」，並「愚中極愚，狂中極狂，塵禿有情，底下最澄」，期望自己可以修到「相似即佛」(註二六)的位階。

《叡山大師傳》寫道，最澄早期曾研讀華嚴宗法藏法師所撰寫的《大乘起信論疏》、《華嚴五教章》，因此知道法藏法師以天台思想為依歸；感動之餘，透過管道得以抄寫鑑真所帶來的天台宗典籍。

最澄在閱讀天台宗典籍時，發現其中有文字缺謬情形，認為應入唐尋求正統師承，因此請求朝廷派遣留學生、還學生各一名入唐；這樣的請求，獲得朝廷應許。因此，最澄在西元八〇四年（延曆二十三年）以「入唐請益天台法華宗還學生」的身分入唐，擔任短期還學生；而當年入唐的留學生，即是真言宗的空海大師。

日本天台宗的正式名稱是「大台法華圓宗」、「法華圓宗」或「天台法華宗」。最澄赴唐後前往天台山受法，在西元八〇四年（唐德宗貞元二十年）十月十三日接受天台山禪林寺翛然法師傳牛頭禪；同年，在國清寺接受惟象法師傳授大佛頂山大契曼荼羅儀式；翌年三月二日夜晚，道邃法師為最澄、義真（註二七）兩位日僧及唐朝的出家僧傳授天台的圓頓菩薩戒。另據最澄在《顯戒論》提到，亦接受道邃法師「一心三觀」的傳法。除了接法外，最澄同時從天台山（台州）請回很多佛教文物，並編成《台州錄》。

在台州接受完整的天台宗傳法後，最澄到越州龍興寺、法華寺繕寫經典與注釋，以補足在台州未蒐集到的重要典籍；不僅如此，最澄在越州除抄寫經典外，還接受了密法的傳授。（註二八）因為這樣的機緣，也使得最澄回到日本比叡山所傳承的天台教法，不只是單純的天台宗，而有「台密」之稱。

最澄在越州所受的密法，與空海在長安所修學的傳承並不相同；最澄回日本後又再向空海行弟子禮，領受其結緣灌頂。空海所立真言宗完全尊大唐密宗的宗風，是純粹的密宗金胎兩部教法；而最澄所立的天台宗，則攙合了顯教當中的天台禪法及禪宗的牛頭禪法，教法顯密參半，並非純粹密宗。故後世謂空海大師所立之宗為「東密」（以東寺為道場弘法，故名之）。

真言宗

日本密教源自印度、經由中國、藉由空海（弘法大師）到中國學習後回到日本，開創獨立的宗派「真言宗」。

空海到中國學法返日，就日本學界而論，大體上有「偶然說」（偶然遇到惠果，得以接受密宗衣缽）及「目的說」（入唐目的就是為了學習密教）兩種主張。然而，一般認為，空海大師前往中國學習前，對密法已有初步的認識，加上宿世的因緣，到中國後才能於短時間內得到密教傳承。

傳說，他曾因對於修學的道路尚未決定，在佛前虔誠祈求指引修學法門，而在夢中得到指示修學依據的經典──《大日經》。（註二九）這樣的傳說也證明，在空海赴中國之前，日本已有密教的經典及思想傳入。

而唐朝的密教，在唐玄宗時代，自西元七二〇年（開元八年）起，由印度高僧善無畏、金剛智，與不空傳到中國，此三位法師合稱「開元三大士」。這三位密宗大師，在大唐皇室的大力支持下，於長安的大興善寺譯出大量密教經典，成為唐密弘揚的開端。（註三〇）

雖然開元三大士是在長安與洛陽傳授密法，而且當時鑑真已經結束在兩京的學習、回到揚州弘法；但是，鑑真身處人文薈萃的揚州，而且在佛教界尚屬活躍，必定有機會接觸到密法相關思想。

日本學者安藤更生認為，唐招提寺大金堂的佛像布局，以及三大戒壇的排列，就是一個密宗曼陀空間的展現；他同時指出，鑑真東渡所帶的佛像也包括密教的佛像。（註三一）從前述的種種跡證，安藤更生認為，鑑真東渡時，已將開元三大士的密法同時帶來日本，種下空海日後赴中國學習密法的因緣。

淨土宗

中國的東林寺在廬山西北側，建於東晉，乃當地太守桓伊為慧遠大師所建造。慧遠大師在此讀經、著述，並創立了淨土宗教義。

根據記載，慧遠大師與劉遺民、雷次宗等共一百二十三人，由劉遺民作誓文，在阿彌陀佛像前發願，共期西方，希望由坐禪、修習念佛三昧，而得以往生西方淨土，後世稱為「結社」，成為淨土宗在中國的開端。慧遠大師在東林寺結蓮社後，持續率眾精進念佛，共同朝往生西方努力。

據傳，他們並在東林寺鑿池種蓮華，在水中立十二品蓮葉，隨波旋轉，分刻晝夜作為行道的依循，此又稱為「蓮漏」。由於修行的理論與方法正確，蓮社一百二十三人均有往生淨土的瑞相。慧遠大師被後世尊為淨土宗始祖。

據載，鑑真在天寶九載，經大庾嶺至江西虔州、吉州，北行至江州（今九江市）。途經東林寺，在東林寺停留，與東林寺僧人智恩法師志同道合；最後一次東渡時，智恩法師共行，將東林寺淨土教義傳入日本，被日本佛教界接受，創立東林教派。至今，他們還以廬山東林寺為其祖庭，每年有不少信徒前來朝拜。

【註釋】

註一：除了官員前往歡迎外，還有許多教界人士前往，致歡迎之意，其中包括榮叡與普照法師初到中國時所邀請的洛陽大福寺道璿律師、僧正菩提僊那，以及日本高僧志忠、賢璟、靈福、曉貴等諸位法師。這些日本當地的法師，日後因對鑑真所帶去的受戒方式有所質疑，而與鑑真進行了一場辯論。

註二：根據姚秦鳩摩羅什譯《梵網經》「十重禁戒」，也就是《梵網經》「十重四十八輕戒」中的「十重」。波羅夷（pārājika）為佛教戒律中的重罪，又叫「極惡法」，在戒法中是「十不可悔戒」——

不殺生，不可殺害人畜等一切有情眾生；

不偷盜，不可偷盜乃至一針一草；

不婬欲，不可與一切有情行淫事；

不妄語，不可犯大、小妄語；

不酤酒，不可買賣酒；

不說四眾過（不說在家居士男、女二眾，和出家僧伽比丘、比丘尼二眾的七逆十重罪過）；

不自贊毀他（不可稱讚自己功德，卻譏諷、傳揚他人過惡）；

不慳吝、加毀（不可在他人請求布施錢財或佛法時，慳吝不予、甚或加以毀辱）；

不瞋心拒受悔（不可生瞋心而辱、撃眾生，或他人悔過求諒時不接受）；

不毀謗三寶（不可毀謗佛、法、僧）。

註三：三壇大戒，乃中國大乘佛教於出家僧眾所特有之傳戒儀式。依初壇正授傳授沙彌戒、二壇正授比丘戒、以及三壇正授出家菩薩戒。戒子想要求受大戒，須具眾緣，須於受戒前如法恭請「三師七證」——作為戒子的得戒、羯磨、教授三師和尚以及尊證七師，以便成就戒場法儀之如法進行。

註四：「大僧都」乃日本於律令制度下，所訂的僧綱（官）之一。僧綱所於西元六二四年設置，在律令體制下的佛教界發揮重要的功能。奈良時代，僧綱所設在藥師寺，在玄蕃寮的監督下，僧綱所的定員是僧正一名、大僧都一名、少僧都一名、律師四名，也設置負責補佐的佐官。西元七五六年，朝廷任命新的僧綱：東大寺良辨被任命為僧正，鑑真被任命為大僧都，華嚴講師慈訓任少僧都，鑑真的弟子法進法師與法華寺慶俊法師任律師。

註五：鑑真赴日這段時間，日本政局時紛紛混亂，鬥爭不斷。藤原仲麻呂得到光明皇后信任，干預政局。藤原仲麻呂於西元七五五年（天平勝寶七年）搶到朝廷大權，獲得孝謙天皇寵信。西元七五七年（天平寶字元年），將橘奈良麻呂排除在朝廷勢力集團之外，藤原仲麻呂大權獨攬。

孝謙天皇退位為上皇，藤原仲麻呂擁立傀儡淳仁天皇；之後，他改名為富有唐風色彩的「惠美押勝」，進一步推進以儒教為基礎的唐風政治。孝謙上皇因病，詔請道鏡法師前往看病；因為效果佳，獲得上皇信任。惠美押勝怕自己地位不保，向上皇稟報道鏡法師有野心，想抓取權位；為此，孝謙上皇大怒，還去法華寺出家，法號法基尼。

隨著受孝謙上皇寵愛之道鏡法師開始左右政局，惠美押勝為了除去道鏡法師，於西元七六四年（天平寶字八年）發動反亂，但終被討伐而身亡，史稱「惠美押勝之亂」。

惠美押勝失勢後，淳仁天皇被廢，並被流放淡路國。惠美押勝之亂平息後，上皇重為天皇，改號「稱德天皇」，仍維持出家身分。

註六：三聚淨戒——

（一）攝律儀戒，又稱自性戒、一切菩薩戒。乃捨斷一切諸惡，含攝諸律儀之止惡門。為七眾所受之戒，隨其在家、出家身分的差異，有五戒、八戒、十戒、具足戒等不同的戒條，涵容大小乘的一切戒律、威儀。

（二）攝善法戒，又稱受善法戒、攝持一切菩提道戒，謂修習一切善法。係菩薩所修之律儀戒，以修身、口、意之善迴向無上菩提，包羅了八萬四千出離法門；如常勤精進、供養三寶、心不放逸、守攝根門及行六波羅蜜等；若犯過，則如法懺除，長養諸善法。

（三）攝眾生戒，又稱饒益有情戒、作眾生益戒；以慈心攝受利益一切眾生，概括了慈、悲、喜、捨，廣度一切眾生的弘願與精神。

註七：新田部親王為天武天皇之子，其母親為藤原鎌足之女藤原五百重娘。在聖武天皇為皇太子時，新田部親王與舍仁親王曾共同輔佐他。新田部親王在西元七二四年（神龜元年）聖武天皇即位時，晉升為一品親王。

註八：鑑真大和上約在西元七六二年（天平寶字六年）唐招提寺開始建戒壇時，從東大寺堂禪院搬進唐招提寺，東大寺堂禪院則交由法進法師管理。

註九：光統律師（西元四五七至五三七年），北齊鄴城大覺寺慧光律師，入鄴而任國統之官，故敬稱為光統。師承道覆律師研究《四分律》，他因弗陀扇多的啟蒙而造《四分律疏》百二十紙，並刪定《羯磨戒本》，奠定了《四分律》開宗立派的基礎，可說為四分律宗的開山祖。相部律宗法礪律師（西元五六九至六三五年），乃光統律師門下之道暉的法系；南山律宗道宣律師（西元五九六至六六七年）亦就光統律師的法孫智首律師受具足戒、學習律學。

註一〇：智周法師（西元六六八至七二三年），江蘇泗州人，於十九歲受具足戒。

二十三歲入慧沼法師門下，學習法相宗，獲得慈恩法相宗嫡傳，後住濮陽報城寺。

智周法師堪稱唐朝法相宗高僧。西元七〇三年（唐武后長安三年），高麗僧人智鳳、智鸞、智雄入唐，向其學習法相宗要義。西元七一七年（唐玄宗開元五年），日僧玄昉進入中國，於其門下學習法相宗教義。

法師的著作有《成唯識論演祕》、《梵網菩薩戒本疏》、《法華經玄贊攝釋》、《大乘法苑義林章決擇記》、《因明入正理論疏》等。鑑真所攜帶的《菩薩戒疏》，即是《梵網菩薩戒本疏》。

註一一：「靈溪釋子」即智者大師，為天台宗的奠立者，為天台宗的三祖；初祖為慧文禪師、二祖慧思禪師。

註一二：《明了論》，全名《律二十二明了論》，正量部弗陀多羅多法師造，陳天竺三藏真諦譯，論中乃以二十二首偈頌，羅列出律藏中的名目，並以散文體解釋其中的意義。

註一三：定賓律師，唐朝僧人，曾在長安崇福寺追隨法礪律師弟子滿意律師學習律學，所以學習的律學為相部宗的傳承。著有《飾宗義記》九卷、《補釋飾宗記》一卷、《戒疏》二本各一卷。所著《四分律飾宗義記》，主要是解釋法礪法師的《四分律疏》，本書經後《補釋飾宗記》補述後共成十卷；《戒疏》即其著作《四分律戒本疏》，定賓律師尚著有《因明入正理論疏》六卷。

註一四：觀音寺大亮律師，與定賓法師同為滿意律師的得意弟子。鑑真大和上遍參諸學，在學習相部宗時曾從大亮律師及義威律師學習。其著有《義記》二本、十卷。

註一五：《含注戒本》一卷及疏，南山律宗三大部之一，全稱為《四分律含注戒本疏》，又稱《四分含注戒本疏》、《四分戒本疏》，乃道宣律師於西元六五一年（唐永徽二年）所撰寫，為道宣律師於西元六三四年（唐貞觀八年）所撰寫之《四分律含注戒本》的注疏。《四分律含注戒本》乃為《四分律比丘戒本》中諸戒之緣起與內容的解釋；之後又對《含注戒本》作疏，而成為《四分律含注戒本疏》，亦可稱《戒疏》。

註一六：《行事鈔》，南山律宗三大部之一，全稱為《四分律刪繁補闕行事鈔》，又名《四分律行事鈔》，亦可稱《事疏》，道宣律師撰。鈔集比丘依律行事的教典根據，以《四分律》為基礎，「刪繁」主要是刪過去諸注家繁廣的情見，「補闕」是補充諸注家，補充《四分律》藏未解決的問題。分三十篇說明律藏所攝之自修攝僧的各種事相行法，成為中國律宗最具權威的著作。

註一七：《羯磨疏》，南山律宗三大部之一，全稱為《四分律隨機羯磨疏》，亦可稱《業疏》，道宣律師撰。

註一八：大覺律師《批記》，全名《四分律行事鈔批》，唐江東杭州華嚴寺沙門大覺所撰，乃為《四分律刪繁補闕行事鈔》作釋。

註一九：《關中創開戒壇圖經》，道宣律師撰，內容為戒壇問題的概念性典籍。

註二〇：《件》、《疏》、《記》一部，依梁明院所校注的《唐大和上東征傳校注》認為，此應為與《維摩結經》有關的疏記，則《件》、《疏》、《記》應為《經》、《疏》、《記》。然而，若依前後文脈絡，應為「長傳《四分律藏》、法勵《四分律疏》、《鎮國道場飾宗義記》、《宣律師鈔》」；亦即從一開始創立唐招提寺時，普照法師、思託法師便希望能在唐招提寺長傳的戒律典籍。

註二一：《鎮國道場飾宗義記》即定賓法師所著之《四分律飾宗義記》；因定賓法師曾住嵩山鎮國寺，故又以「鎮國」稱之。

註二二：「象（像）季」是指像法時代之末期。「像法」乃是「正、像、末」三時之第二時，其教法運行狀況相似於正法時代，故稱像法，為有教、行二法而無證果之時代。據一般說法，正法住世五百年，像法住世一千年，末法住世一萬年。

註二三：所謂的「夾紵」是以漆灰和麻布塑型作為漆胎，胎骨輕巧而堅固。為了使塑像牢固，用木心或竹子加上土製成形，外面再貼上麻布包上，從第二層麻布開始浸泡漆液，麻布要蒙上十幾層；等麻布乾後，再取出內部的木心。

註二四：道璿法師，河南許州人，俗姓衛。幼年出家，後入洛陽大福先寺，從定賓受具足戒，研學律藏。又師事華嚴寺之普寂，兼習禪學、華嚴，亦精通天台宗。接受日本來唐的僧人榮叡和普照請求，決定前往日本弘法。西元七三六年（唐開元二十四年、日本天平八年），同天竺僧人菩提仙那、林邑僧人佛哲一起來到日本。

註二五：天台山位於浙江台州府（天台縣）佛霞嶺山脈東北端，又稱天梯山，或稱台嶽。以山形如八葉覆蓮，有八支八溪及上台、中台、下台等，似三星之台宿，故稱天台。

註二六：天台圓教立「六即佛」，提出六種行位之說：理即佛、名字即佛、觀行即佛、相似即佛、分真即佛（分證即佛）、究竟即佛。最澄所預設的修行目標「相似即佛」，即菩薩五十二位階的十信位；「分證即佛」包括十住位、十行位、十迴向位、十地位、等覺位；「究竟即佛」乃妙覺位、究竟覺者。

天台智者大師（西元五三八至五九七年）常發願生彌勒菩薩的兜率淨土，臨終時云觀音來迎，並答修行至圓教五品弟子位。根據大師臨終自述，乃因度眾而未達相似即佛，只達五品弟子位，此乃等同六即佛的「觀行即佛」。

註二七：義真法師在奈良興福寺師事法相法師，受戒於鑑真和尚，並學習漢語。後師事於最澄，並跟隨最澄渡海前往中國，作為漢語翻譯。和最澄同時受道邃法師的圓頓菩薩戒，以及受順曉法師密教付法後回日本。

註二八：西元八〇五年（唐貞元二十一年）四月十八日，最澄於「毘盧遮那如來三十七尊曼荼羅所」，也就是峰山頂道場中，受越州龍興寺順曉法師的灌頂，所付傳之法為包含三種下、中、上品悉地的真言：

下品悉地阿羅波左那，是名出悉地；能生根莖遍滿四方，誦一遍如轉藏經一百遍，即入如來一切法平等，一切文字亦皆平等，速得成就摩訶般若；誦兩遍除滅億劫生死重罪。

中品悉地阿尾羅吽欠，是名入悉地；能生枝葉遍滿四方，光明光耀入佛法界，名入悉地。

上品悉地阿鑁嚂唅欠，是名祕密悉地，亦名成就悉地，亦名蘇悉地。蘇悉地者，遍法界也，成就佛果證大菩提法界祕言，光明遍滿，唯佛與佛能入此門，緣覺聲聞不能照，此亦名祕密悉地。

出悉地從足至腰，入悉地從臍至心，祕密悉地從心至頂；如是三悉地，出悉地化身成就，入悉地報身成就，祕密悉地蘇悉地法身成就，實是三種常身。

以上引文為《三種悉地破地獄轉業障出三界祕密陀羅尼法》的一部分。

註二九：空海二十三歲時（西元七九五年），於奈良在東大寺受具足戒後，曾於佛前祈求：「吾從佛法，常求專要；三乘五乘，十二部經，心神有疑，未能取決。唯願三世，十方諸佛，示我不二。」最後，夢中有人指示他修習《大毗盧遮那成佛神變加持經》，即《大日經》。獲得此經後確定其修學方向，而發心至中國學習密法。只留學兩年，便於青龍寺東塔院從惠果阿闍梨受胎藏界和金剛界曼荼羅法；此金胎兩部，即是以金剛界開示大日如來的智德，以胎藏界宗本大日如來的理體，為密教教義之根源。空海並受獻法阿闍黎的灌頂，自號「遍照金剛」，並被選為第八代密教祖位。

唐末會昌法難，密法儀軌喪失殆盡，密宗法脈東移到日本。

註三〇：開元三大士在中國傳授密法的歷程為：善無畏於洛陽大福先寺譯出《大日經》，成為胎藏界密法傳入中國的開始。西元七二〇年（唐朝開元八年），南印度密教高僧金剛智，經南海、廣州抵洛陽，傳入金剛界密法。金剛智於西元七二三至七三〇年（開元十一年至十八年），先後在長安資聖寺、大薦福寺譯出《金剛頂瑜伽中略出念誦法》等四部。

其弟子不空赴獅子國，回中國後先後於長安、洛陽、武威等地譯出《金剛頂經》、《金剛頂五祕密修行念誦儀軌》等十一部，計一百四十三卷。他們的傳授，以金剛界密法（智）為主。

註三一：安藤更生在《鑑真對日本文化的影響》提到，唐招提寺金堂佛像，中央安置盧舍那佛、東方擺置藥師如來，西方為千手觀音，不同於其他寺廟金堂可見到的淨土變相的立體化，而是曼陀羅的排列；西方放置千手千眼觀音而非阿彌陀佛，由此可知這是偏向密教的排列。他在同文中亦指出，三戒壇的排列，與唐招提寺金堂佛像排列一致。做為日本佛教中心的奈良東大寺，本尊為盧舍那佛；西邊的觀世音寺，本尊是觀音；鎮守東方的下野藥師寺，本尊則是藥師如來。鑑真東渡時所帶的彫白栴檀千手像、繡千手像，即是密教的佛像。

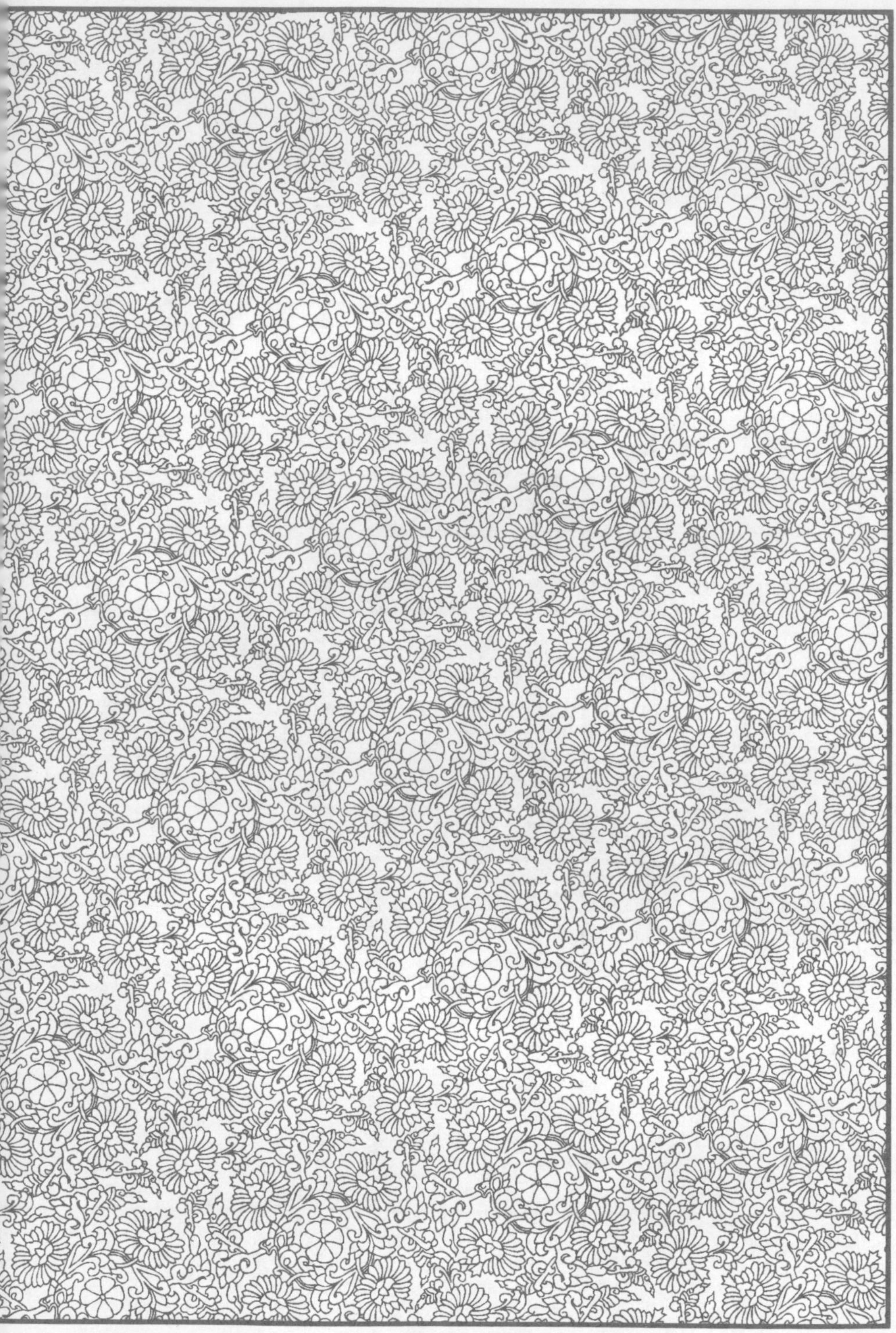

影響

開創日本佛教與文化的新契機

壹·「天平之甍」——日本文化大躍進

鑑真又能醫治，療皇太后弗豫有功……時未能精西土藥品，鑑真為辨定之，邦人傚之，醫道益闢。

日本人民稱鑑真為「天平之甍（屋瓦）」，意即他的成就足以代表日本天平時代文化的屋脊——以屋脊比喻高峰、最高成就。

會有這樣的成就，除了如前所述，鑑真為法為教，置自身的生死於度外；從鑑真在多次東渡的成員中包括玉作人、畫師、雕佛、刻鏤、鑄寫等各種技藝人才來看，可以一窺鑑真計畫東渡時心中的弘法藍圖高度。

鑑真東渡時雖然是以弘揚佛法與戒律為主要目標；但依照其學思歷程，大和上心目中計畫的不僅是將佛經及佛法帶到日本，更盤算著如何將中國文化弘傳至日本。

也因為如此，雖然鑑真東渡後不過十年即圓寂；但是，鑑真對日本佛教、文化與醫學的後續發展有關鍵性的影響。大和上及其弟子對日本佛教天台、真言兩宗之開創，以及佛教藝術、本草學及漢文學之發達，均有宏偉貢獻。

鑑真自幼出家，師事多位佛教大師，如道岸律師、弘景律師等。二十歲遊學洛陽、長安兩京遊學。他勤學好問，不拘泥於門派之見；廣覽群書，遍訪高僧，對佛教的五明（註一）有多方涉獵；除佛經之外，在建築、繪畫、尤其是醫學方面，都具有相當的造詣。

鑑真東渡，除了自身的高深學養外，其帶至日本的大批經典及文物，以及各類工匠，不僅對日本佛教宗派的發展產生巨大的催化作用，還促進了中國文化向日本的流傳，對於日本的佛教、建築藝術、醫藥、書法、香道等方面，有極其深遠的影響。

建築藝術

鑑真與弟子所建設的唐招提寺，寺中的佛像與建築物不僅現今被指定為重要文化資產；在建造當時，也因為鑑真帶進日本新的建築風格與雕刻塑像技巧，造就日本佛寺建築的新典範。

在建築部分，除了較為人知的唐招提寺建築外，尚有東大寺的戒壇、供唐僧們起居用的唐禪院。

據《延曆僧錄》、《西大寺資材帳》的記載，與鑑真一起東渡的弟子思託，曾設計並製造八角五重塔的模型，本欲在西大寺內建造此塔。雖然最終沒建成，但由於當時西大寺的大鎮（住持）是普照法師；由此吾人可以推測，西大寺在建造時，鑑真所率的弘法團幫助很大。

除了得力於隨團東渡的工匠外，鑑真與弟子們東渡前的經歷也有所幫助；

亦即將在中國所到之處建寺安僧所累積的實際經驗帶到日本，對日本佛殿建築工藝留下卓越的貢獻。

鑑真及弘法團所建造的佛寺，除了為日本建築藝術注入新的樣式外，也同時為塑像與雕刻藝術帶來新樣式。日本佛寺的佛像，在飛鳥時代建造的聖像──如法隆寺的百濟觀世音菩薩像、金堂四大天王像、中宮寺的彌勒菩薩像、廣隆寺的彌勒菩薩像等，均為中國北齊、隋代時期的木雕風格。

然而，到了奈良時代初期與中期，幾乎沒有木雕作品。直到奈良時代末期，在唐招提寺興建時所帶領的風潮，有別於飛鳥時代的風格木雕像隨之而生，甚至影響到平安時代。

這些木雕風格逐漸轉為日本化風格，亦成為日本佛教雕刻的特色；無論是後來的藤原時代、鎌倉時代，乃至到了明治時期，都是以木雕為主。追溯其根源，鑑真東渡弘法團所帶來的影響不可謂不大。

鑑真抵日後，儘管雙目失明（視力不佳）；但是，他仍利用其他感官的良能，將有關藥物的知識傳授給日本人。

隋唐以前，中國的醫學乃透過朝鮮間接傳至日本。在雄略天皇、欽明天皇時期，曾經多次向朝鮮聘請醫師，其中以雄略天皇時代到達日本的百濟德來醫師最有名。德來醫師到日本定居在難波（今大阪），其後代子孫亦從事醫藥工作，後世稱為難波藥師。

中國醫藥不經過朝鮮而直接傳入日本是在西元五六一年，中國吳人知聰攜帶《明堂圖》醫藥書共一百零六卷到日本。至此，算是中國醫藥正式傳到日本。另外，隋唐期間，日本政府派遣唐使節團中都有隨行醫師，其中也有專門至中國學習醫藥的留學生。

隋唐年間，中國醫藥知識及醫藥典籍雖相繼傳入日本，但日本人對於鑑別藥物品種的真偽、規格、好壞尚缺之經驗。熟悉醫藥的鑑真抵達日本後，便治癒了光明皇太后的疾病。鑑真當時雖然已經視力嚴重受損，但他利用嗅覺、味覺、觸覺等，來彌補視覺缺陷，不藏私地將中國的醫藥知識傳給日本人；由於是直接傳授，因此矯正了過去不少錯誤的部分，並將藥物的採集、乾燥、貯藏、炮製、使用部位、質地輕重、配伍等知識全部傳授給日本人。

據日本《皇國名醫傳》記載，自鑑真東渡日本面授醫藥知識，使日本人真正掌握辨認藥品之知識，日本醫道自此才算完備。十四世紀以前，日本醫道把鑑真大和上奉為醫藥始祖；直到德川時代，日本藥袋上還貼有鑑真大和上的圖像，可見其影響之深。

鑑真還在東大寺設立悲田院，施藥問診，除了替僧侶治病外，也照顧日本百姓的健康。日本現存的醫書《本草和名》、《皇國名醫傳》皆記載《鑑上人祕方》這本書；雖然現在已失傳，但並不影響鑑真大和上被尊稱為日本醫學始祖的事實。

書法

中國的書法傳至日本發展成書道。天平時代，日本的書法界受中國書法大家王羲之（註二）的書法風格影響很大。

在鑑真東渡之前，雖然已經開始受到王羲之書法風格的影響，但是因為當時在日本很難看到王羲之的真跡，頂多有「雙鉤填墨」（註三）的臨摹本。鑑真東渡時帶來王羲之的真跡，日本人的書法技術與鑑賞力也隨之提升。日本平安時代便出現三位有名的書法家，號稱平安時代三筆，包括日本真言宗創宗空海大師、嵯峨天皇與橘逸勢。

直到今日，若要尋找日本書道之根本，還不能完全脫離王羲之的影響。由此，不難理解鑑真東渡對日本書道的發展有著關鍵性的影響。

香道

日本香文化源自古印度，經山中國透過佛教的傳播傳入日本；直到平安時代，才脫離宗教儀禮，演變為聞香鑑賞。據說，日本的香道起源也與鑑真有很大的關係。

鑑真每次東渡，都攜帶大量的香料；雖為寺院所需，卻也造就了日本香道的發展。《唐大和上東征傳》記載，天寶二年十二月，第二次東渡攜帶之物裡包括「麝香二十臍。沉香、甲香、甘松香、龍腦香、膽唐香、安息香、棧香、零陵香、青木香、薰陸香、都有六百餘斤。」天寶七載又擬東行，「造舟買香藥。備辦百物」。可見其攜至日本之香料品項相當豐富。

目前，唐招提寺還有鑑真香，乃由沉香與麝香、甲香、甘松香、安息香、零陵香、青木香、薰陸香等多款漢方香料製作。由此不難理解，鑑真東渡時所帶的香材，對後世香道發展亦有一定的影響。

值得順道一提的是，日本花道也是源於寺院的供花，亦是在唐朝時期受到頗多影響。並沒有直接證據可稱其受到鑑真東渡的影響；若有影響，可能只限於供花風格。

【註釋】

註一：「五明」指五種學藝，為古印度之學術分類法。即：（一）聲明：語言、文典之學。（二）工巧明：工藝、技術、算曆之學。（三）醫方明：醫學、藥學、咒法之學。（四）因明：論理學、邏輯。（五）內明：專心思索五乘因果妙理之學，或表明自家宗旨之學。
又，五明或有內外之分，上述五明為內五明，或除前三者相同外，以第四為咒術明，第五為因明；外五明則指聲明、醫方明、工巧明、咒術明、符印明。

註二：王羲之（西元三〇三至三六一年），東晉書法家，有「書聖」之稱。他的書法兼善隸、草、楷、行各體，廣采眾長，備精諸體，擺脫了漢、魏筆風，自成一家，影響深遠。
王羲之受到歷代帝王的厚愛，唐太宗親在《晉書．王羲之傳》撰讚辭，讚美王羲之書法為古今「盡善盡美」第一人，稱讚他的筆法點曳、文字裁成如「煙霏露結，狀若斷而還連；鳳翥龍蟠，勢如斜而反直」，玩之不覺為倦。《書斷》（唐代品鑑、評論書法家及書法的著作，張懷瓘著）評王羲之書法「千變萬化，得之神功」；乾隆皇帝將《快雪時晴帖》奉為「三希」之首（另兩件為：其子王獻之的《中秋帖》，與其侄王珣的

《伯遠帖》），品為「神」品。其代表作《蘭亭集序》，被譽為「天下第一行書」。

註三：為工筆畫畫法中的一種技法，簡稱雙鉤法。一般為一個部分採用兩筆勾勒和合而成進行描邊封閉，再採用相應的顏色進行填充。經過演變後，在書畫臨摹方面廣泛套用，很多古籍的書法臨摹精本均採用雙鉤法，作品一般稱為雙鉤摹本。雙鉤填墨本除了其流傳的意義外，同時也具鑑賞價值，故歷代評書者皆稱這些摹本為「下真跡一等」（雖為描摹，但與真跡無絲毫差別）。

貳・大小乘戒律弘傳的演變

終始六度，經逾十二年，遂果本願，來傳聖戒。方知濟物慈悲，宿因深厚，不惜身命，所度極多。

鑑真大和上，讓正規的傳戒方式為日本佛教界接受，也為奈良佛教界注入一股新的穩定力量。然而，在鑑真圓寂後，卻又因為天台宗最澄大師的極力推動，逐漸脫離於中國大乘佛教兼受小乘戒的路，又轉回大乘戒。

不過，如此的轉變，是日本佛教界經鑑真東渡傳戒後，有系統地在佛教義理與戒法上啟蒙，不再以中國佛教的思想與儀式為依歸，已有能力走出自身特色的修行路線。

最澄倡導大乘菩薩圓頓戒

平安時代，日本天台宗祖師最澄（傳教大師，西元七六七至八二二年）在中國留學之後，受到當時中國佛教界風氣的影響，傳承了天台宗、密宗、禪宗、律宗四大宗派。在戒律部分，大膽進行僧團戒律改革，全然棄捨小乘戒律，首次建立純大乘菩薩圓頓戒，突破了中國佛教的大小兼受戒規格。

最澄從唐朝歸國之後，認為「日本三大戒壇」及唐招提寺所傳的是大小乘戒律兼傳，他所傳承的天台宗教義在判教屬圓教，是直接通向佛地的一乘佛教；因此主張，唯有自己謹守大乘戒法的立場才是真正的大乘，而把以法相宗為代表的南都佛教視為小乘，認為一佛乘的《妙法蓮華經》立場才是真正的大乘。進而推之，在戒律守持方面，也應擺脫小乘戒；為求徹底獨立，需要另設大乘戒壇。

最澄於西元八一八年正式宣布：「自今以後不受聲聞之利益，永乖小乘之威儀，即自誓願棄捨二百五十戒已。」自此全然棄捨小乘戒，發願建立一向大乘寺（註一），在比叡山展開純大乘戒授受運動，脫離當時極端保守的南部六宗之掌握繫縛。通過最澄大膽的戒律改革，以獨標大乘菩薩圓頓戒的日本佛教於焉產生。

最澄建立大乘戒壇，主要是建立有別於奈良南都佛教的教派。南都為都市佛教，他所建立的則是淡泊名利的山林佛教；所以他有兩句名言：「衣食之中無道心，道心之中有衣食。」這樣的觀念，南都六宗必定會有意見，因而又引起一陣論戰。

最澄與南都教團之間產生的兩次大辯論，其一是與法相宗的德一法師爭論三乘、一乘問題；另一次則是與南都僧綱進行辯論，辯論的主題為關於大乘戒壇的爭論。通過這兩次爭論，最澄從單純的天台宗一派之祖，變成對後代日本佛教的發展具有重大影響的人物，往後的日本佛教幾乎就在他劃定的框架內發展。

然而，一直等到最澄圓寂後第七日，大乘戒壇才獲准建立，這也是日本佛教與中國佛教分道揚鑣的開始。

鎌倉時代律宗復興——「南京律」與「北京律」的發展

平安時代初期，鑑真所傳的南都律宗還保持著傳承；然而，到平安時代中期以後，法脈就斷絕了。

鑑真所傳律宗的法脈斷絕之原因有二個：其中一個是僧風之頹廢，另一個則是受到比叡山大乘戒壇興隆之影響。後來，由於末法思想的醒覺，即有實範法師成為復興律宗的先驅。

實範法師在興福寺出家，號蓮光，又稱為少將上人，西元一一二二年（保安三年）在東大寺戒壇院受戒式，並於西元一一二九年（大治四年）在奈良東方的郊區創建成身院，致力於復興戒律的傳承。後繼者還有法相宗的藏俊法師、覺憲法師、貞慶法師、戒如法師，也以弘傳戒律為己任。其中，戒如法師門下則有覺盛法師、有嚴法師、圓晴法師、叡尊法師，因為極為優秀並頗有建樹，被稱為戒如門下之四傑。

覺盛法師（西元一一九三至一二四九年），早先於興福寺學唯識學及《俱舍論》，因感慨律學不振，發心以振興律學為己任。進而在西元一二三六年（嘉禎二年）與圓晴法師、有嚴法師、叡尊法師，一起在東大寺以《瑜伽師地論》及《占察善惡業報經》所說的自誓受戒法（註二），求受比丘大戒，上接已經中斷的戒律傳統。

西元一二四三年（寬元元年），覺盛法師移錫至唐招提寺。法師弘揚戒律，深受朝野之尊重信，被稱為鑑真之再來，圓寂後謚號「大悲菩薩」。

日本史上，以平城京的立場，稱奈良為南都或古京，又稱為南京。前面所說，乃指「南京律」的復興。當時因為傳承已斷絕，但鑑真所留下的律典依然存在，法師受戒因而採取邊地自誓受戒的方式。

「北京律」乃是另一律宗新支，從中國直接傳入，在北方的京都弘揚，故被稱為北京律。北京律得以興起，要歸功於俊芿法師及曇照法師。

俊芿法師（西元一一六六至一二二七年），一開始先學台密，後來領悟三學之基礎要從戒學開始，所以於三十四歲時，亦即西元一一九九年（南宋寧宗慶元五年，正治元年）到當時的宋朝留學十二年。他向明州景福寺的如庵了宏律師學習南山律，同時也在華亭縣超果院學習天台宗；後來到了臨安，與禪宗、律宗的諸多法師論道。返回日本時攜回大小部律典有三二七卷，天台教觀七一六卷，華嚴宗的相關章疏亦達一七五卷。

俊芿律師在回國之後，重新興建京都東山的仙遊寺，並將之改名泉涌寺，大開天台宗與律學之講筵。俊芿法師圓寂百餘年之後，後小松天皇（西元一三七七至一四三三年）賜號大興正法國師；至明治天皇（西元一八六七至一九一二年），又加賜「月輪大師」稱號。

另一位北京律的律師是曇照律師（西元一一八八至一二六〇年）。曇照律師曾兩度到中國，第一次於西元一二一四年（南宋寧宗嘉定七年）到中國，與俊芿法師同在了宏律師門下學律，經過十四年學習後返回日本，建造戒光寺，大力振興律學。於西元一二三三年（宋理宗紹定六年）再度中國學習，經歷八年後回到日本，又建西林寺及東林寺。

日本佛教戒律的最後轉向

在鑑真東渡前，日本雖然已有律師前往說戒，因仍未具足三師七尊證，而無法傳授三壇大戒。鑑真遠赴日本正式傳授南山律宗大小兼受戒，日本佛教之戒律方具規模。

不過，最澄捨棄小乘戒律，首次建立純大乘菩薩圓頓戒，突破了中國佛教的大小兼受戒規格。自此，日本佛教戒法即與中國佛教開始走向不同道路。

到了鎌倉時代，鑑真所傳的法脈斷絕。雖然有南京律與北京律與起，傳承中國本位的南山律宗大小兼受戒；但是，在另一方面，有曹洞宗道元禪師（西元一二〇〇至一二五三年）與日蓮宗日蓮上人（西元一二二二至一二八一年）分別進一步開展的「單受菩薩戒」傳統；除此之外，又有親鸞（淨土真宗）開闢所謂的「無戒之戒」傳統，更進一步地突破了最澄所創大乘圓頓戒的原有規格。

日本佛教的戒律最後轉向，與中國佛教非常不同；也就是說，鑑真大和上費盡千辛萬苦傳至日本的南山律宗大小兼受戒，在西元八一八年平安時代就受到最澄的挑戰，甚至在鎌倉時代斷絕。

赴中國學習天台宗的最澄，何以對戒律的看法與的中國天台宗如此不同？研究戒律的日本權威學者平川彰博士作了這樣的分析：

可能在於重視一乘佛教、悉有佛性這一點上。常住佛性即是一切眾生的本源，認識到這點，即是對大乘戒的領悟。

因此，他認為，這與小乘戒有著本質上的不同。若以《大乘起信論》中的「始覺」與「本覺」的說法——一切眾生本性之自性清淨心，本來具照明之德，是名「本覺」，由此本覺之內熏與師教之外緣，順本覺而漸生覺悟之智，謂之「始覺」，則大致可以說：中國天台宗偏重始覺門，故仍採小乘所強調的戒相；日本天台宗則倡導本覺法門，採取單受菩薩戒以簡化戒相。

中日兩國的佛教傳統，因於兩國在國情、民族性、風俗習慣、歷史乃至文化的不同，對於佛教經律論所展現出來的佛教戒律，也就有各自的獨特風格。

日本僧人戒律守持的轉向，並不代表鑑真赴日弘揚戒法的任務失敗。在鑑真赴日之前，日本佛教界對於佛法經律論及戒定慧的認識，只能是接受由朝鮮間接傳來、以及遣唐學僧和中國僧人的直接傳播，尚未具備思辨能力。鑑真將完整的戒法與受戒方式帶到日本，並經過與日本僧人的辯論，以及大規模地教育僧人，讓日本僧人在戒律守持上，不再只是跟隨中國佛教的腳步；而是經過深化的學習，並且與自己的國情、文化與風土民情，進行有機式的交流，發展出有別於中國佛教的戒律路線。

日本佛教界能具備這樣的能力，正是鑑真大和上東渡弘法所帶來的催化效應；不僅在戒律守持的路線上，在宗派的部分亦是如此。

日本佛教宗派迭興

日本佛教各宗派的成立，最主要是在奈良時期，東大寺大佛建成後，來自於國家的主導方式的。奈良時期的宗派就是所謂的南京（都）六宗（註三）——華嚴宗、律宗、三論宗、法相宗、成實宗與俱舍宗，及唯識演變的攝論宗、日本特有的修多羅宗。

南京六宗在西元七五二年（天平勝寶四年）由國家在東大寺等地方設置六宗宗所；但是，當時各宗的水平尚不足以發展到「宗」形成一致見解，而成為有一定共識的思想集團。

鑑真東渡後，除了對奈良時代末期在文化、藝術及戒律的弘傳有極大貢獻外，鑑真的弟子良辨法師、慈訓法師與法進法師在西元七六〇年擔任僧官時，共同向朝廷提出改革建議書：

望請，制四位十三階，以拔三學六宗……戒定慧行，非獨昔時；經律論旨，

方盛當今；庶永息濫位之譏，以興敦善之隆。

為的就是促使僧尼在戒定慧及經律論上下功夫，提升僧人內學的素養。其中所謂的「拔三學六宗」，即是藉由僧眾內學的深化提升，達到朝廷想要的「讓各宗共同繁榮」。在這樣的努力之下，法相、三論、華嚴各宗漸有成「宗」的氣候。

由於鑑真帶來許多佛教經典，再由其弟子、再傳弟子，還有皇室的協助，加上時代的演變，在奈良時代末期至平安時代初期有新的宗派衍生。其中，以最澄大師藉由與法相宗的激烈論爭、空海大師藉由教判確立真言宗之最高地位，兩人最為成功地將傳自中國的天台宗與真言宗，在日本佛教確立「宗」的地位。

當時的日本佛教界，也因於教學研究活動的不斷進行，推向發展的高峰，

也為佛教日本化揭開序幕。

菩薩行願立典範

鑑真大和上答應兩位日僧赴日時已經五十五歲；他不顧自己年事已高、健康狀況不佳，毅然決定東渡傳法；由於他的願心，才感動弟子們紛紛表示願意跟隨師父一同到日本傳法。

歷經五次赴日均告失敗；且於渡海途中，兩位弟子往生、自身又因意外而雙目失明；然而，鑑真並未因此而感到氣餒。他不畏艱難，歷盡苦難，終於在六十七歲時的第六次東渡成功抵達日本，實現了自己宏偉的夙願。

回顧鑑真大和上前五次的失敗原因，包括遭人陷害、官府阻擋，以及遭遇海難；最後，在政府仍然不支持的狀況下，偷偷搭乘遣唐使返國船隻出海，並歷經驚險的海象，在九死一生的狀況下才到達日本。

鑑真大和上當時已是受到重視的高僧；基於不樂見人才外流，所以官方及民間都不願他出國至日本；換言之，當時他已是國寶級的僧人，若沒有菩薩般弘法度眾之心，他大可留在國內安全且舒適地弘法傳教。

不僅如此，就當時的航海技術而言，以民間的力量要從中國到日本的航程十分艱辛；所以，其弟子祥彥曾說航海赴日本是「性命難存，滄海淼漫，百無一至」。但是，鑑真大和上為了將戒法東傳，不懼怕會面臨的巨大險難，發願將戒法傳至日本。

從鑑真展現出之長時間面對困難與生命險境的願力，就可以知道大和上的願心有多大！若沒有這樣的大願心、大願力，可能早在第一次的失敗後就放棄了。我們不難想像，經歷十一年的千辛萬苦、永不放棄，需要有多大的願心才能展現出這樣的生命力！

如清朝省庵大師（西元一六八六至一七三四年，通達天台、唯識，弘揚淨土）所說：

嘗聞入道要門，發心為首；修行急務，立願居先。願立，則眾生可度；心發，則佛道堪成。

發大願心度眾乃菩薩道行者首要的功課。中國有許多如鑑真大和上那樣「為傳正法，不惜身命」的發心大德，秉持菩薩道的大願心：

念念上求佛道，心心下化眾生。

聞佛道長遠，不生退怯；觀眾生難度，不生厭倦。

如登萬仞之山，必窮其頂；如上九層之塔，必造其顛。

眾生界盡，我願方盡；菩提道成，我願方成。

唯有發大願心、行大願力，漢傳佛教才能如此地廣為流傳；發願修學菩薩道的行者，皆須以如鑑真大和上般的先賢為典範，才能將佛教持續地傳承下去。

【註釋】

註一：最澄將佛寺分為三種：一者、一向大乘寺，初修業菩薩僧所住寺；二者、一向小乘寺，一向小乘律師所住寺；三者、大小兼行寺，久修業菩薩僧所住寺。

註二：《瑜伽論記》云：「於《梵網經》說，於佛菩薩形像前自誓受戒，若懺悔見好相便得戒，若不得好相不得戒，若現前受菩薩戒。師前受戒時不須要見好相；若千里內無能授戒師，得佛菩薩前受戒而要見好相。問曰：何故聲聞十師、菩薩唯一？答：聲聞戒因力弱，須假強緣故須十師；菩薩之人菩提心強，一師良得。」

註三：南京指奈良時代的京城所在地平城京（又稱古京，即奈良），六宗為三論、成實、法相、俱舍、華嚴、律宗；為別於平安時代在京都（即平安京，又稱為新京或北京）興起的天台、真言宗二宗，故稱南都六宗，或稱古京六宗、南京六宗。

當時的僧侶常研究各宗教義，而且大多一人兼學二宗以上；因此，一寺裡各宗僧侶雜陳的情形屢見不鮮。

附錄

鑑眞大和上年譜

歲數 — 西元 — 中國年號 — 日本年號

一歲　六八八　武周垂拱四年　持統（女）天皇二年

・出生於揚州江陽縣淳于家。

十四歲　七〇一　長安元年　文武天皇大寶元年

・於揚州大雲寺隨智滿禪師出家成為沙彌。

十八歲　七〇五　唐中宗神龍元年　慶雲二年

・隨南山道岸律師受菩薩戒。

二十歲　七〇七　景龍元年　慶雲四年

・前往洛陽和長安參學。

二十一歲　七〇八　景龍二年　和銅元年

・三月二十八日，長安實際寺隨弘景律師受具足戒，並隨弘景律師巡遊西京。

・向兩京諸師學習道宣律師的《四分律行事鈔》、《羯磨疏》、《量處輕重儀》及法礪律師的《四分律疏》。

二十六歲　七一三　唐玄宗開元元年　和銅六年

・開始講授律疏。

三十一歲　七一八　開元六年　元正天皇養老二年

・講授《四分律行事鈔》及《量處輕重儀》。

三十三歲　七二〇　開元八年　養老四年

・接下來幾年中，專注於揚州附近造佛像、建寺、抄經、傳戒、講戒等活動；抄一切經三部，戒律宣講一百三十遍。

四十六歲　七三三　開元二十一年　天平五年

・在揚州進行講律授戒、立寺造像、設悲田院、寫經、度人、救濟貧病等活動，遂成江淮「道俗歸心」的宗教首領。江淮持戒律者，遵其為受戒大師。

・日本命遣唐大使多治比廣成、副使中臣名代率第九次遣唐使團前往中國，榮叡、普照、玄朗、玄法等法師學問僧隨行。日本朝廷委託榮叡、普照二位法師禮聘唐國律學高僧。

四十七歲　七三四　開元二十二年　天平六年

・四月，遣唐使晉見唐玄宗。日本在唐學問僧玄昉、學生吉備真備返國，並攜帶佛經五千餘卷。

四十九歲　七三六　開元二十四年　天平八年

・玄宗皇帝從洛陽返回長安，榮叡、普照隨行。遣唐副使中臣名代返回日本，唐僧道璿、天竺僧菩提僊那受邀赴日。道璿被安置在大安寺西唐院，成為赴日弘傳律宗的先驅。

五十三歲　七四〇　開元二十八年　天平十二年

・榮叡、普照計畫返回日本。

五十四歲　七四一　開元二十九年　天平十三年

・日本朝廷下詔諸國建國分寺、國分尼寺。

・榮叡、普照南下，準備渡海東渡事宜。

五十五歲　七四二　天寶元年　天平十四年

・十月，榮叡、普照赴揚州大明寺拜謁鑑真，懇請東渡傳戒弘法。鑑真答應決定赴日，開始準備東渡。

五十六歲　七四三　天寶二年　天平十五年

・第一次法難：四月，高麗僧如海向採訪使廳誣告，官府拘捕榮叡、普照及道航。事後澄清，但船被沒收，渡海計畫失敗。

・八月，榮叡、普照無罪釋放，日僧玄朗、玄法離開。

・第二次計畫：十二月，鑑真率東渡弘法團的成員包括雕玉匠、畫師、佛像雕刻師、鑄造、書法、刺繡等專家以及鐫碑等工匠，共有八十五人。船隻到了狼溝浦，遇到狂風暴雨，船被惡浪擊破。東渡又告失敗。

五十七歲　七四四　天寶三載　天平十六年

- 第三次計畫再失敗，等待一個月再出發。在漁舟山海面又觸礁，被明州太守安置在阿育王寺。
- 被鄰近寺院邀請前往講說律學與傳戒。先是越州龍興寺的邀請，接著杭州、湖州與宣州也有寺院紛紛前來邀鑑真前往弘法。鑑真十分歡喜與後學結緣，並在功德圓滿後又回到阿育王寺。
- 越州僧密告榮叡誘拐鑑真東渡，官方欲拘捕榮叡，榮叡裝死逃生。
- 冬天，鑑真被榮叡不屈不撓的精神感動，派法進赴福州辦糧買船，準備從福州出發。去福州路上參拜天台國清寺。
- 但因弟子靈佑及揚淮諸寺三綱的要求，一行人被官府追回，第四次計畫再次失敗。

六十一歲　七四八　天寶七載　天平二十年

・春天，日僧榮叡與普照到揚州崇福寺拜訪鑑真，懇請鑑真東渡。鑑真答應，再次準備東渡。

・六月二十七日，鑑真與僧眾、水手等三十五人從揚州出發。行舟艱險，後在三塔山停住一個多月，等到風浪較平靜出航至署風山，又停住一個多月。

・十月中再出發又遇颶風，失去駕馭的船在海上漂流十四天，到了海南島的振州，受到當地官民歡迎。留居一年有餘。

六十二歲　七四九　天寶八載　天平勝寶元年

・漂流到振州，馮崇債別駕將僧眾一行人安頓在振州大雲寺內。因寺中佛殿毀壞，僧人們變賣衣物，傾全力捐施，招募工人將佛殿重新整頓，經一年努力終於完工。

六十三歲　七五〇　天寶九載　天平勝寶二年

・年初，鑑真一行人前往萬安州，馮別駕護送一行僧眾到達萬安州，地方富豪統領馮若芳請弘法團到自家居住，供養三日。

・由萬安州走到崖州，崖州遊奕大使張雲出面迎接鑑真，將一行人安頓在開元寺，並在官舍設宴供養弘法團。大和上等人帶領當地工人重修遭火燒壞的寺廟。

・崖州出發，渡過瓊州海峽，經歷三日三夜到達雷州。接著，從今日之海南島，沿著河流經現今的雷州半島繞廣西、廣東、江西，以揚州為最終目標逐漸北返。沿途官人百姓及僧眾夾道迎送禮拜。

・弘法團到達始安郡，都督馮古璞引入開元寺。馮古璞親自到開元寺拿食物供養眾僧，並請鑑真為其受菩薩戒。大和上在始安郡弘法一年。

六十四歲　七五一　天寶十載　天平勝寶三年

・春天，南海郡大都督、廣州太守盧奐禮請鑑真到廣州府弘法。至端州龍興寺，日僧榮叡不幸因病去世。

・端州太守親自送鑑真前往廣州。弘法團一行人到廣州，盧都督親自迎接，並將眾僧接引到廣州大雲寺掛單。

・初夏，弘法團一行人從廣州出發，搭船約七百餘里到韶州，先掛單在禪居寺三天，後被韶州官員迎入法泉寺。日僧普照法師決定離開弘法團，拜別鑑真，前往明州阿育王寺，尋找機會搭便船返回日本。

・鑑真因過勞不幸罹患眼疾，視力模糊，後失明。大和上失明後，仍遊化十方。遊歷至靈鷲寺、廉果寺並在此登壇授戒。

・一行人至貞昌縣，過大庾嶺而至江西虔州開元寺，僕射鍾紹宗在此請鑑真至其宅立壇傳授戒法。

・到吉州，大和上的弟子祥彥法師病重往生。

・離開江州，船航行七天來到潤州江寧縣。登陸後，東渡弘法團一行人來到瓦官寺。之後，靈佑法師將一行人接到棲霞寺掛單。

・秋天，鑑真回到揚州，持續在龍興、崇福、大明、延光等寺弘法，重新凝聚資源及擬定計畫，等待東渡弘法的機會。

六十五歲　七五二　天寶十一載　天平勝寶四年

・四月，第十次遣唐大使藤原清河等人，從明州、越州而至長安。遣唐使到明州時，普照法師前往拜見藤原清河等人；與普照法師見面後，藤原清河更加確定鑑真的重要性。

六十六歲　七五三　天寶十二載　天平勝寶五年

・三月，遣唐大使藤原清河向唐玄宗提出兩個要求，其一為讓鑑真大和上及五個學律的弟子到日本傳戒弘法。因唐玄宗希望再派兩位道士同去日本，藤原清河遂撤銷邀請鑑真大和上。

・六月，遣唐使向玄宗皇帝告別。

・十月十五日，藤原清河、吉備真備、大伴古麻呂、晁衡等人來到揚州延光寺拜訪鑑真，懇請大和上同他們一道東渡，並向其說明向唐申請受阻。為了圓滿完成對榮叡法師的承諾，鑑真答應了遣唐使的邀約，並祕密籌備第六次東渡計畫。

・十月二十九日，鑑真及其弟子二十四人從龍興寺出發，祕密搭船離開揚州，到黃泗浦與遣唐使會合。

・十一月三日，藤原清河分配鑑真的隨從分別搭乘三艘副使船。等待期間，藤原怕風聲走漏將會嚴重影響兩國邦交，便下令鑑真一行人離開遣唐使船。

・十一月十日，第二艘船的副使大伴古麻呂將鑑真一行人召喚上船。

・十一月十三日，普照法師從明州阿育王寺趕來，與遣唐使會合返日，被安排在第三艘船吉備真備副使的船上。

・十一月十六日，艦隊駛出黃泗浦。第一和第二艘船於十一月二十一日到達沖繩島。

・十二月六日，第二艘船啓程前往多禰島（種子島），並在第七天到達益救島（屋久島）。

・十二月二十日，鑑真等人抵達薩摩國阿多郡秋妻屋浦（鹿兒島坊町秋目浦）；二十六日，延慶法師上船迎接大和上至太宰府。

六十七歲　七五四　天寶十三載　天平勝寶六年

・一月十一日，副使大伴古麻呂等四位副使先行到奈良向天皇稟報鑑真大和上一行人來到日本傳教之事。

・二月一日，鑑真一行人到達大阪，於三日進入京都，於四日到達奈良，並被安置在東大寺。五日，唐僧道璿律師和僧正菩提僊那前往慰問。
・四月，在東大寺的臨時戒壇為日本天皇、皇后、太子等人授菩薩戒。此次受菩薩戒者四百四十餘人。
・五月，鑑真在天皇的祭典獻上他帶來的物品，其中包括舍利。

六十八歲　七五五　天寶十四載　天平勝寶七年

・九月，東大寺大佛殿西側的戒壇院完工，鑑真擔任戒和尚，傳授戒法。讓弘法團僧眾居住的唐禪院，也完工啓用。

六十九歲　七五六　唐肅宗至德元年　天平勝寶八年

・四月初，於東大寺的大佛殿前為天皇的十八種物品進行羯磨。
・五月二日，聖武上皇駕崩。
・五月二十四日，鑑真大和上在一百二十六人禪師中與良辨受任為大僧都，法進與慶俊任律師。
・朝廷將聖武上皇的供奉（米和鹽）轉為鑑真與法榮法師的供俸。

七十歲　七五七　至德二年　天平寶字元年

・十一月二十三日，日本朝廷以備前國墾田一百町供養東大寺唐禪院十方眾僧。鑑真準備以此費用為唐招提寺建立之費用。

七十一歲　七五八　乾元元年　天平寶字二年

・八月，鑑真辭去大僧都職務、被尊贈「大和上」稱號。

七十二歲　七五九　乾元二年　天平寶字三年

・八月一日，朝廷賜予故新田親王舊宅，鑑真於此創建唐招提寺，之後，鑑真搬入唐招提寺，其弟子法進為第二代東大寺戒壇院受戒和尚。

七十四歲　七六一　上元二年　天平寶字五年

・五月，朝廷建造下野的藥師寺及筑紫觀世音寺的戒壇，日本三大戒壇完成。

・二月一日，法進及善俊受託開始《沙彌十戒並威儀經疏》書寫五卷，並於四月十五日完成。

・十月二十三日至十月十七日，法進為弟子慧山講授《沙彌十戒並威儀經疏》。

七十五歲　七六二　唐代宗寶應元年　天平寶字六年

・五月，建唐招提寺戒壇。

七十六歲　七六三　廣德元年　天平寶字七年

・三月上旬、鑑真弟子忍基法師做了一個不祥的夢，預感大和上即將入滅，因此製作了大師的塑像。

・五月六日，鑑真大和上於唐招提寺寮房圓寂。

七七九　光仁天皇寶龜十年

・二月，淡海三船（真人元開）撰《唐大和上東征傳》。

參考資料

一、原典

真人元開著，《遊方記抄——唐大和上東征傳》，大正藏五一冊，No. 2089。

姚秦罽賓三藏佛陀耶舍共竺佛念等譯，《四分律》，大正藏二二冊，No. 1428。

二、專書

李尚全，《慧燈無盡照海東：鑑真大和上評傳》，北京：社會科學文獻出版社。

經典雜誌編著，《鑑真大和上：六渡東瀛創宗傳法》，臺北：經典雜誌。

傳傑，《日本文化之父：鑑真大師傳》，高雄：佛光出版社。

林景淵，《鑑真大師畫傳》，臺北：慈濟文化。

周姚萍著，劉建志繪，《東征和尚：鑑真大師》，臺北：法鼓文化。

井上靖著，謝鮮聲譯，《天平之甍》，海南：南海出版公司。

梁明院，《唐大和上東征傳校注》，揚州：廣陵書社。

真人元開著，汪向榮校注，《唐大和上東征傳》，北京：中華書局。

聖嚴法師，《日韓佛教史略》，臺北：法鼓文化。
末木文美士等編輯，辛如意譯，《日本佛教的基礎：日本Ⅰ》，臺北：法鼓文化。
張　弓，《漢唐佛寺文化史》，北京：中國社會科學出版社。
郭柏南，《神州鼎盛隋、唐、五代十國》，香港：三聯書店。
秦　就，《禪味奈良：大河古寺慢味》，臺北：法鼓文化。

三、期刊

傅偉勳，〈大小兼受戒、單受菩薩戒與無戒之戒——中日佛教戒律觀的評較考察〉，中華佛學學報第六期。

四、網路資料

〈鑑真關連年表〉：http://coolrip.b.ribbon.to/tokyo.cool.ne.jp/jiangnanke/jianzhen/jianzhen_nianbiao.htm
〈鑑真六次東渡日本——傳佛法與大唐文化〉：
https://www.epochtimes.com.tw/n118827/%E9%91%91%E7%9C%9F%E5%85%AD%E6%AC%A1%E6%9D%B1%E6%B8%A1%E6%97%A5%E6%9C%AC-%E5%82%B3%E4%BD%9B%E6%B3%95%E8%88%87%E5%A4%A7%E5%94%90%E6%96%87%E5%8C%96.html

國家圖書館出版品預行編目(CIP)資料

鑑真大和上：天平之甍／釋照量編撰 — 初版
臺北市：經典雜誌，慈濟傳播人文志業基金會，2020.11
400面；15×21公分 —（高僧傳）
ISBN 978-986-99577-5-5（精裝）
1.（唐）釋鑑真 2. 佛教傳記
229.341　　109017870

鑑真大和上——天平之甍

創 辦 人／釋證嚴

編 撰 者／釋照量
主編暨責任編輯／賴志銘
行政編輯／涂慶鐘
美術指導／邱宇陞
插圖繪者／林國新
校對志工／林旭初

發　行　人／王端正
合心精進長／姚仁祿
傳　播　長／王志宏
平面內容創作中心總監／王慧萍

內頁排版／尚璟設計整合行銷有限公司
出 版 者／經典雜誌
慈濟傳播人文志業基金會
112019臺北市北投區立德路2號
客服專線／（02）28989991
傳真專線／（02）28989993
劃撥帳號／19924552　戶名／經典雜誌
印　　製／新豪華製版印刷股份有限公司
經 商 商／聯合發行股份有限公司
231028新北市新店區寶橋路235巷6弄6號2樓
（02）29178022
出版日期／2020年11月初版一刷
2021年12月初版三刷
定　　價／新臺幣380元